문학 연구의 방법

그 한국적 적용을 위한 개관

이상섭 지음

탐구당

국립중앙도서관 출판시도서목록(CIP)

문학연구의 방법 : 그 한국적 적용을 위한 개관 / 이상섭 지음. -- 서울 : 탐구당, 2003
 p. ;   cm

ISBN 89-87314-51-0 93800 : ₩7000

809-KDC4
801.95-DDC21   CIP2003000696

머 리 말

　원래는 <문예 비평의 방법>이라는 제호를 달까도 생각했다. 그러나 문학적 잡기 또는 수필 또는 인상록을 문학 비평으로 보는 습성이 우리 사회에 아직 강한 듯하여, 보다 학술적인, 따라서 보다 덜 논쟁적인 제호를 택한 것이 <문학 연구의 방법>이다.
　제목을 그렇게 단 이유는 그 밖에도 많다. 문예 비평이라는 지적 작업을 하나의 정신과학으로, 적어도 하나의 인문학으로 옹립하고자 하는 내 의도의 일단이 그 제호에 살아 있다. 문학 연구는 모름지기 문예 비평이 되어야겠고, 문예 비평은 모름지기 문학연구가 되어야겠다는 신념의 일단이다.
　문학을 연구하고 평가하는 데에는 여러 길이 있다는 것을 보이고자 하였다. 끝장이 나지 않는 순 소모적 문학 논쟁은 문학을 취급하는 방법론의 차이에서 오는 것이 대부분이다. 그런 소모를 막기 위하여 서로서로의 입장을 이해하는 일이 시급하다. 상대방의 입장을 이해하지 않으려는 자는 공평한 게임의

광장에서 제외되어야 한다.

    비교적 적은 불량의 글이므로, 각 방법을 보다 깊고 넓게 취급하지 못하였지만, 부제가 암시하듯이 도처에서 한국 문학에서의 예를 들어 방법들의 적용 가능성을 타진하려고 하였다. 따라서 많은 실험적 질문과 대답이 제시되는바, 그들의 타당성보다 그 실험성에 유의해 주기를 간절히 바라는 바이다.

    본문 중 제3장과 제4장은 각각 <人文科學>과 <知性>에 실렸던 것이다. 재수록을 허락해 준 두 곳의 책임진 이에게 감사하며, 아울러 출판을 맡아 준 탐구당 여러분께 심심한 사의를 표한다.

1972년 6월 15일

저 자

차 례

제 1장 역사주의 비평의 방법 ·· 7

  1. 원본의 확정 ··· 12
  2. 언어의 역사성 ··· 19
  3. 작가 연구 ··· 24
  4. 작가의 영향 ·· 29
  5. 문학사의 문제 ··· 34
  6. 문학사의 관습 ··· 41

제 2장 형식주의 비평의 방법 ·· 47

  1. 문학 작품의 음성적 조직 ·· 50
  2. 시의 말씨와 문체 ··· 67
  3. 비 유 ·· 73

4. 의미의 형직적 조직 ·· 76
  5. 극적 상황 ·· 81
  6. 복합성과 통일성 ·· 84

제 3장 사회·윤리주의 비평의 방법 ································ 91

  1. 사회학적 방법 ·· 94
  2. 사회·윤리적 방법 ··· 108

제 4장 심리주의 비평의 방법 ·· 123

  1. 창작의 심리 ·· 125
  2. 작품의 심리적 분석 ·· 134
  3. 독자에 대한 심리적 영향-독자 심리학 ············ 147

제 5장 신화 비평의 방법 ·· 153

  1. 신화의 의미와 문학적 재현 ······························· 156
  2. 신화 비평의 기본 전제 ······································ 158
  3. 사계(四季)의 신화 ― 근본적 원형 ··················· 163
  4. 한국 문학의 신화적 체계 ― 그 성립 가능성 ·· 167
  5. 신화 비평가의 일반적 작업 양식 ······················ 171

제 6장 맺는 말 ·· 175

제 1 장   역사주의 비평의 방법

 한 작품을 역사적 사건으로 취급하는 데에서 문학 연구의 역사적 방법은 시작된다. 모든 작품은 확실히 반복될 수 없는 독특한 역사적 사건이다. 이른바 역사적 일회성을 지닌다. 그리고 그것이 역사적 사건이 될 수 있는 가장 중요한 이유는 그것이 사람에 의해서, 사람에 관하여, 사람을 위하여 의지적으로 조성된 사건이라는 것이다. 즉 인류 문화의 한 부분이라는 것이다.
 아리스토텔레스 시를 논하면서 비극과 희극의 기원을 전통적 관습에다 둔 것은 문학의 역사적 접근을 최초로 시도한 예가 될 것이다.[1] 문학의 기원, 특히 한 장르의 발생, 변천에 대한 관심은 역사주의 비평가의 최대 관심사에 속한다.
 근대적 역사주의 비평은 19세기에 확정되었다. 쌩뜨 뵈브와 이뽈릿 테느는 역사적 방법의 이론적 체계와 실제 응용을 눈부시게 보여 준 선구자들이다. 위의 두 사람의 방법은 서로 상당히 달랐으나, 당시의 과학적 사고방법의 영향을 받아 사물의 인과관계와 사실의 일회성 내지 확정성을 믿었다는 점에 있어 공통성을 보였다. 「문학의 박물학을 설정하려는 것이 나의 의

---

1) <시학> 1148 a 30행 이하. 물론 그는 역사주의 비평의 선구자는 아니다.

도」2)라는 쌩뜨 뵈브의 말에 과학주의적 태도가 엿보인다. 그는 역사 중에서도 특히 개인의 역사, 즉 전기(傳記)를 이용하여 문학적 현상을 관찰, 해석하여 성공을 거두었다. 자기의 비평 방법에 관하여 그는 이렇게 말하고 있다.

「나에게 있어서 문학, 즉 문학적 산물은 한사람의 전체 성격과 구별될 수 있는 것이 아니다. 나는 개개의 작품을 즐길 수도 있지만, 그 사람 자신을 알지 못하고 작품만 단독적으로 판단하기는 곤란하다. <열매를 보고 그 나무를 알 수 있다>는 말을 쉽사리 인용할 수 있다. 그런고로 문학 연구는 자연스럽게 인간 자체, 즉 윤리연구로 옮겨진다.」3)

이렇듯 그는 위대한 작품을 그보다 더 위대한 창조자에의 지표로 보았던 것이다. 그리스 고전작품처럼 저자가 분명하지 않은 경우, 그는 그 작품을 통해 그 창조자를 상상하는 것으로 만족할 수밖에 없음을 매우 안타깝게 여겼다. 한 쪽 팔만 남고 동체가 없어진 조각작품을 대하는 듯하다는 것이다. 작품은 작가를 알게 해주는 교량일 뿐이고, 비평은 작가와 직접 대면하는 것이 목적이니까 자연히 윤리적이 된다.

「한 위대한 작가의 출신 성분과 친척 관계를 되도록 자세하게 확인하고, 그의 학업과 교육에 관하여서도 웬만큼 자세히 기술하고 난 다음, 다시 확정지어야 할 점은 그의 환경(milieu)이다. 그의 재능이 발견되고 형성되고 성숙하던

---

2) Charles Augustin Sainte-Beuve 의 이 말은 Walter Jackson Bate, ed., *Criticism: the Major Texts*(New York; Harcourt: 1952), 490면에 인용되었음.
3) 위 책 497면, <Chateaubriand 론>에서 하는 말.

동시대인들의 사회 말이다. 소속집단, 교우관계, 활발한 사
상의 교환 등이야말로 재능의 소유자로 하여금 자기라는
좁은 테두리를 벗어나 밖의 세계에의 참여를 갖게 하며, 성
숙과 가치를 얻게 해 주는 것이다.」 4)

쌩뜨 뵈브가 여기서 밝히는 것은 그의 전기적 방법이 개인
위주가 아니라 사회적이라는 것이다. 개인의 위대성은 그의 사
회 관계에서 밝혀진다는 것이다. 특히 이 점에 있어서 그는 위
대한 인물, 즉 천재 또는 영웅 등, 개인의 숭배를 주장하는 일
부 낭만주의자들과 구별된다고 할 수 있다. 그의 방법은 개인
을 지배, 결정하는 사회적 환경의 관찰에 주안하는 소위 실증
론자의 그것으로 발전할 소지를 충분히 내포하고 있다.

테느는 바로 쌩뜨 뵈브의 그러한 실증주의적인 면을 발전,
체계화한 비평가이다. 다음의 그의 진술에서 우리는 쌩뜨 뵈브
의 사상이 한층 강화되고 과학화된 것을 감지할 수 있다.

「화석이 된 조개껍질 뒤에는 생물이 있었고, 문서의 뒤에는
사람이 있었다. 조개껍질을 연구하는 이유는 그 생물을 추
정해 보려는 것뿐이 아닌가? 마찬가지로 우리는 사람을 알
기 위해 문서를 연구하는 것이다. 조개껍질과 문서는 생명
이 없는 잔해들로서, 완전한 생명체에 대한 열쇠로서의 가
치밖에 없다. 우리는 이 생명체를 나포해야 한다. 그것을
재창조해야 한다. 문서를 고립된 것인 양 연구하는 것은
잘못이다.」 5)

쌩뜨 뵈브는 문학 연구를 정신의 박물학이라고 하였지만, 위
의 테느는 박물학, 아니 생물학과 문학연구의 관계를 한층 더

---

4) 위 책 498면.
5) Hippolyte-Adolphe Taine, <영문학사 서설> Bate, 501면.

가깝게 유추하고 있다. 또한 쌩뜨 뵈브가 위대한 작품 뒤에 숨은 더욱 위대한 인물에 접근하기를 시도했다면 테느는 문서 그 자체는 부산물에 지나지 않고 문서 뒤의 사람을 발견하기 위한 수단의 의미밖에 없다고 말하고 있다. 고립된 문서 자체는 무가치하다는 극단적인 견해인 것이다.

앞에서 우리는 쌩뜨 뵈브가 작품보다는 작가, 작가의 개인성보다는 그의 사회적 여건, 즉 환경(milieu)에 각별한 관심이 있음을 보았거니와, 테느야말로 환경을 문학을 결정하는 3요인의 하나로 확립시킬 만큼 강조하였다. 종족, 환경, 시기(race, milieu, moment)가 문학을 결정하는 3요인이 된다고 한 그의 주장은 너무나도 유명한 이론이다. 그 3요인에 대하여 그는 다음과 같이 설명하고 있다.

「여기서 <종족>이라 함은 개인이 세상에 태어날 때 가지고 오는 선천적 및 유전적 기질을 뜻한다. 그것은 일반적으로 인체의 특질과 구조에 있어 현격한 차이점을 수반한다. 인종이 다르면 그것도 다른 법이다.」[6]

민족성, 종족성은 근본에 있어 시간과 공간의 격차에도 불구하고 동일성을 유지한다는 것이 테느의 신념이다. 이른바 종족결정론 내지 종족숙명론이다.

「사람은 세상에 혼자 존재하지 않는다. 자연과 그의 동류인간이 그를 둘러싸고 있다. 우연 및 후천적 성향이 그의 원초적 성향을 뒤덮고, 구체적 또는 사회적 환경이 한 인물의 성격을 격동시키든가 안정시키든가 한다.」[7]

---

6) 위 책 505면.
7) 같은 곳.

즉 환경정론이다.

「마지막으로 제3의 원인이 있다. 내적 세력(종족)과 외적 세력(환경)이 이미 생산해 낸 작품이 또 다시 다음 작품을 생산하는 데 기여하게 된다. 영구 불변적 충동과 주어진 환경 말고도 또 다른 세력이 생겨나기 마련이다. 종족성과 환경은 공백상태에서 작용하는 것이 아니라, 이미 선행한 사물의 표적이 남겨진 <자리>에서 작용하는 것이다. 그 <자리>에 들어서는 시기에 따라 남겨지는 표적도 달라지며, 전체의 인상이 달라지는 이유 또한 여기에 있다.」[8]

테느의 실증주의적 경향은 이들 3요인들이 모두 확인이 가능한 사실(faits)로 구성되어 있고, 이 사실들은 문학이라는 '문화의 상층구조를 낳는 원인' 으로 보게 한 것이다.

「이제 남은 일은 이들 원인들을 한 민족이나 시대에 적용시켰을 때, 어떤 결과가 산출되는가를 조사하는 일뿐이다. 고지에서 발원한 샘물이 고도에 따라 단계적으로 분산된 지류를 거느리고 드디어 최저의 지점에 도달하듯 종족, 환경 또는 시기가 한 집단에게 주는 정신적 특질은 그 집단의 문화를 형성하고 있는 갖가지 양상들에 확산된다. 단 그분포의 정도는 고르지 않다.」[9]

역사적으로 관찰할 때, 하나의 문학사는 민족 단위로 확인할 수 있는 원인과 결과들의 연쇄인 것이다. 과학적 인과율은 문학 연구에 있어 필수불가결의 원칙이 된다
이상에서 쌩뜨 뵈브와 테느의 역사적 방법론을 좀 길게 설

---

[8] 위 책 489면.
[9] 위 책 494면.

명한 이유가 있다. 그들의 방법론이 현재 우리가 가지고 있는 역사적 방법론의 모체가 될 뿐 아니라, 또한 최고의 정점도 되는 까닭에 상술할 필요가 있는 것이다. 작품을 통한 작가의 추정(전기 연구), 작품활동의 무대가 되었던 시대에 대한 면밀한 관찰, 될 수 있는 한 과거의 시대를 재생하려는 노력(역사적 재구성, historical reconstruction)[10], <역사적 재구성>을 위한 비문학적 사실들의 광범한 수집, 문학을 어떤 원인에 의한 결과로 보는 태도, 또 이 결과가 제2의 원인이 되어 제3의 결과를 낳는다고 보는 관점, 민족성, 민족이념 등의 문학을 결정하는 요소들의 추구 등등, 역사주의 문학관의 주요점들이 다 그 두 사람에게서 발견되고 있다.

오늘날의 역사주의 방법은 위의 두 선구자의 업적의 위대성은 못 따라 갈지 몰라도 그 방법에 있어서는 훨씬 세련되어 있는 것은 사실이다. 작품을 대함에 있어 그것이 마치 그 자체로서 단독적으로 완전한 것인 양 취급할 수 없다는 것과, 그 작품과 관련되고 있는 모든 사실에 비추어서 그 작품을 보아야 한다는 신념은 불변이지만, 현재의 역사주지들이 작품을 다루는 방법은 다음에 개관하는 바와 같이 세분, 세련되어 있는 것이다.

1. 원본(text)의 확정

첫째로 원본의 확정이라는 작업이 있다. 활자화되어 있는 작

---

10) 역사적 재구성에 관해서 테느는 다음과 같은 말을 하고 있다. 「우리는 우리 자신의 눈으로 그 사람을 볼 수 없게 막아서고 있는 시간의 격차를 되도록 제거하자……과거를 현재로 만들자……한가지 사실을 판단키 위해서는 그것이 우리 눈앞에 현존케 해야 한다. 없는 것은 경험할 수 없다. 분명히 이 <재생>은 완전치는 못한 것이나……할 수 없다. 완전한 무지보다는 불완전한 지식이 낫다.」(위 책 502면).

품이 진본이냐 아니냐 하는 문제는 역사주의자의 특별한 관심사이다. 확실한 원본을 마련하기 전에는 한 작품에 대하여 결정적으로 운위하기를 주저하는 것이 역사주의자의 양심이다.

원본을 확정하기 위하여 동원되는 방계과학은 서지학, 문헌학은 물론 제지술, 인쇄술. 제본술, 필체감식법 등 어마어마하다. 원본을 확정하기 위한 작업은 무척 비문학적인 것 같으나, 실상은 대단한 감식력—넓은 의미의 비평적 안목—이 필요하고, 특히 한 작가와 그의 작품의 특질과 의도에 대한 민감한 판단력이 필요한 것이다. 아래에서 부연하겠지만, 그런 까닭에 원본 확정 작업을 특별히 원본비평(textual criticism)이라 부르는 독자의 영역으로 인정하고 있다. 즉, 그것은 문학 작품의 가치 판단을 내포하는 일이다.

실상 역사주의 비평가뿐 아니라, 모든 문학 연구가들이 믿을 만한 원본에 의거하여 작품을 논하고자 할 것이다(이 말은 물론 누구나 다 원본 비평가가 되어야 한다는 뜻은 아니다). 실제적으로 취급 중의 텍스트의 부실로 말미암아 우스운 헛수고를 하는 예가 더러 생긴다.

미국의 일류 문학사가였던 매티슨(F. O. Matthiessen)이 소설가 허먼 멜빌의 <흰 고래>(*Moby Dick*)에서 "soiled fish of the sea"(바다의 더럽혀진 고기)라는 대목을 대단히 중요하게 취급하여 이를 멜빌 특유의 심상으로 보고,

「이것은 지상의 바다는 물론, 보이지 않는 정신적인 심해의 공포를 의식하고 있던 상상의 산물」

이라고 해석하였다. 그런데 불행히도 이 유명한 문학 연구가가 사용한 원본이 이 대목에서 결정적인 미스프린트를 범하고 있는 줄을 그는 몰랐던 것이다. "soiled"(더럽혀진)가 아니라 "coiled"(몸을 사린), 즉 c가 s로 오식되었던 것이

다. <몸을 사리고 있는 고기>가 <더럽혀진 고기>로 둔갑하여 메티슨을 우스운 지경에 몰아 넣었던 것이다.11)
김소월의 <접동새>에,

「접동
　접동
　아우래비 접동」

이라는 귀절이 있다. 한 시집에 보니까 <아무래비 접동>으로, 또 다른 책에는 <아오라비 접동>으로 인쇄되어 있다. 아오라비 / 아우래비 / 아무래비 중 어느 것을 어느 근거에서 택해야 할 것인가? 김소월 문학의 원본 비평이 존재하는지 조차 의심스럽지만, 어쨌든 위의 세 가지 원문을 세 사람이 각각 해석한다면 김소월의 작품은 결국 세 개가 되는 셈이다. 좌우간에 <아무래비>나 <아우래비>의 의미가 무엇일까? 사전엔 나오지 않는다. 무의미한 주문일까? 그런데 최근 김소월의 이모가 회고담에서 <아오라비 / 아무래비 / 아우래비>는 어린 시절의 소월이 동화에 나오는 <아홉 오라비>를 줄여서 발음한 말이라는 이야기를 하고 있다.12) 이 증언이 믿을 만하다면 원본 비평가는 그 기이한 대목에 대한 열쇠를 얻게 되어 자신을 가지고 <아오라비>로 원본 확정을 하고 주석에서 그 의미를 밝힐 수 있다.

　이상화의 <빼앗긴 들에도 봄은 오는가?>에서도,

---

11) 이 이야기는 Fredson Bowers, "Textual Criticism," *The Aims and Methods of Scholarship, ed.,* James Thorpe (New York: MLA, 1970), 29면에 나옴.
12) <신동아> 1968년 9월.

「아주까리 들마꽃에도 인사를 해야지.」

라는 구절이

「아주까리 들마을에도 인사를 해야지.」

로 와전되어 오던 차에 최초로 인쇄본에 의한 고증으로 인하여 시정된 바 있다. 만약 누가 그 와전된 상태를 텍스트로 삼고 이 부분을 해설했다고 한다면 상기 매티슨류의 헛수고를 한 것이 될 것이다.

고대 시가의 경우, 원본 비평은 더없이 중대한 과제가 된다. 양주동 교수의 향가와 고려가요에 관한 연구는 기실 한국 문학연구상 최대 최고의 원본 비평이다. 양교수의 업적은 방대한 고증자료를 수집하였다는 데에 보다도, 그 자료를 바탕으로 비록 가설적일 수도 있으나 예리한 심미적 내지 시적 감식력에 의한 원본의 재구성을 해냈다는 데에 있다. 즉, 본격적 원본 비평인 것이다.

원본 비평은 향가의 경우처럼 전적인 재구성이 필요한 복잡한 작업이 있는 반면, 비교적 단순한 와전도 있을 수 있고, 또 아주 간단히 띄어 쓰기나 철자법에 관련된 문제일 수도 있다. 고려가요인 <청산별곡>의 일절 「네가시럼난디몰라셔」에 대한 논쟁이 한때 국문학자간에 분분한 적이 있다. 「네가 시럼 난디 몰라셔」로 띄어 쓰느냐 또는 「네 가시 럼난디 몰라셔」로 띄어 쓰느냐가 문제였던 것이다. 이 경우 우선 고전 국어문법의 설명이 필요하겠지만, 그에 못지 않게 작품 전체의 의미 구조를 염두에 두고 있는 비평적 감식력이 역시 작용되어야 한다. 「네가」로 읽으면 2인칭이 주어가 되고, 「네 가시」로 읽으면 3인칭이 주어가 되는바, 인칭의 변화가 초래하는 의미의 큰 차이가 전체의 시적 콘텍스트에 주는 충격을 십분 고려하여야 할 것이다. 이 대목에 관해서는 그처럼 심각한 사고가 요망되지는 않지만, 매사에 비평적 태도를 소홀히 하지 않는 것은 하나의 원칙이 되어야 한다.

베끼기 또는 인쇄 과정에서 잘못이 있었다는 가정하에 원본 비평가는 원작자와 원작품의 의도를 가장 잘 전달하는 것으로 판단되는 방향으로 주어진 원본을 수정하기도 한다. 이를 영어 술어로 emendation이라 부른다. 비평가에 따라 지나치게 주관적으로 <수정>을 가하는 이도 있고, 너무 조심스러워 조금도 건드리지 못하는 이도 있으나, 어느 정도의 수정은 바람직한 일이다. 또는 확실히 탈락된 부분이나 혹은 탈락된 것으로 추정되는 부분을 재구성하는 일도 원본 비평가가 간혹 해내야 하는 일이다. 신충(信忠)의 <원가>의 <亡二句>를 재구성할 수 있기에는 우리에게 주어진 자료가 너무나도 부족한가?[13]

유럽 특히 영국에서 르네상스 희곡 문학에 대한 원본 비평은 문학연구의 대통을 이룰 만큼 왕성하고 성과도 다대하다. 그들은 셰익스피어 작품 중에 어떤 부분이 타인에 의한 가필인지, 왜 그런 가필이 있게 되었는지, 여러 전래본 중에 어느 것이 진본이고, 어떤 경로로 와전이 생기게 되었는지 등등, 해결 불가능한 듯한 복잡다단한 문제들을 탐정의 그것 이상의 면밀한 추리와 과학적 분석, 그리고 무엇보다도 예리하고 민감한 비평 정신으로 상당히 신빙성 있게 해결해 냈다. 셰익스피어 문학연구에서 셰익스피어 원본 비평은 이처럼 막중한 자리를 점유하고 있는바, 이는 원본 비평이 위대한 작품에 가해질 만한 가치가 있음을 입증하는 것이다.

원본 비평 이론의 권위자인 미국의 프레드슨 바우어즈(Fredson Bowers)는 원본 비평의 목표를 「한 작가의 텍스트 본래의 순수성(purity)을 회복하는 한편, 판을 거듭함에 따라 항용

---

[13] 一然이 <三國遺事>에서 信忠의 향가인 <怨歌>를 전하는 대목에서 그 노래의 끝의 두 귀절이 없어졌다는 말을 하고 있다.

생기는 와전(corruption)으로부터 그 순수성을 보존하는 것」이라 하고, 다음과 같이 원본 확정의 과정을 말하고 있다(원고 취급<editing>에 관한 것은 생략).

(1) 현대어본과 구철자본

(ㄱ) 영인본(facsimile)과 교열본(critical text)—한 원본을 현존하는 그대로 재생하는 것(영인본)이 옳은가, 또는 명백한 미스 프린트(또는 오기)의 교정, 수정, 종합을 거친 교열본이 나은가? 하는 논란이 원본 비평가들의 문제였으나, 현재에는 대체로 교열본주의가 받아들여진다. 그러나 아직도 보수적인 재생주의자는 현대 문명의 이기를 이용하여 영인본을 보는 것으로 만족한다. 교열주의가 우세하다는 것은 한편에서 보면 원본 비평의 문예비평적 기능이 인식되었다는 뜻이다.

(ㄴ) 현대어본과 구철자본—하나의 텍스트를 옛맞춤법 그대로 따를 것인가, 또는 현대 맞춤법으로 고칠 것인가도 문제가 된다. 이를테면 「불휘 기픈 남곤 ᄇᆞᄅᆞ매 아니 뮐쎄」를 그대로 보존하는 것과 「뿌리 깊은 남근 바람에 아니 뮐새」로 맞춤법을 고치는 것의 득실이 무엇인가 하는 문제가 있을 수 있다. 이조 초기 국어의 맞춤법을 꼭 보여야 한다는 순 학술적 의도가 아니라면 일반 독자들을 위한 판에서는 구철자법을 고집할 아무런 이유가 없다.

(2) 원본의 확정을 위한 작업

(ㄱ) 문서적 증거—현존하는 문서들(원고, 초간본, 수정본, 이본 등)을 근거로 하여 가장 순수하고 정확한 형태를 확정한다. 문서들을 총망라하고, 원고가 부재하는 경우에는 한 원고 상태에 접근하도록 추정본을 작성하기 위해 교정, 수정, 보완, 종합의 작업을 함으로써 텍스트에서 오류를 제거한다.

(ㄴ) 기본 텍스트의 결정—많은 이본 또는 사본들 중에서 결

정본의 근거가 될 기본 텍스트를 선정한다.

(ㄷ) 상이점들의 대조 조사(collation)—일정한 기간 동안에 출간된 한 작품의 여러 판본들을 모두 대조 조사하여 서로 틀리는 부분들을 확실히 기록해 둔다.

(ㄹ) 판본의 족보—판이 거듭됨에 따라 차차 와전율이 증가하는 것이 보통이다. 와전율은 판의 연대적 선후 관계, 즉 <족보>를 추정하는 데에 상당히 도움이 된다. 간혹 해적판이나 번안판이라는 서자가 끼일 때도 있다.

한 작품의 여라 판의 상이점을 체계적으로 다루기 위하여서는 서지학의 도움이 필요하다. 종이의 질, 인쇄술, 잉크, 활자체에 대한 정밀한 지식이 필요한 것이다. 결정본을 작성하기 위한 기본 텍스트를 하나로 한정할 수 없을 경우도 있다. 한 작품의 원고를 작가가 두 가지로 작성한 경우가 그렇다. 가장 흔히는 일단 출판된 작품(신문 소설처럼)을 작가 자신이 수정을 가하여 다시 출간할 경우 기본 텍스트는 둘이 되는 것이다.

(3) 결정판(definitive edition)

취급의 가치가 있는 모든 문서들을 다 검토하고 나서는 소위 결정판을 준비할 단계에 이른다. 이 단계에서, 첫 째로 이본(異本)들을 납득이 가도록 적절히 처리해야 한다. 하나 또는 그 이상의 권위본을 선정한 다음 이본들과의 면밀한 대조 조사를 마치고, 둘째로 그 권위본에 혹시 잘못이 있는가를 검토하여 수정을 가하게 된다. 수정 부분에 대한 타당한 설명이 있어야 한다. 수정의 대상으로는 미스 프린트, 틀린 철자 등의 확실한 오류와 의미상 애매한 부분 또는 탈락된 부분이다.

원본 비평의 개략은 이상으로 충분하다고 믿는다.

2. 언어의 역사성

　다음으로는 문학의 표현수단이 되는 언어가 지극히 역사성을 띠는 실체인 까닭에 생기는 문제를 고찰하기로 한다. 역사주의 비평가는 작품의 <해석>보다는 <해설>에 일차적 관심을 가진다. <해설>이란 다른 말로 하면 현재의 독자들을 위한 일종의 <번역>이다. 「뿌리 깊은 남군 바람에 아니 뮐새」라고 현대 철자법으로 고쳐 써 놓는다고 현대의 일반 독자들에게 의미가 통하는 것은 아니다. <남군>과 <뮐새>를 <나무는>과 <움직일새—움직이므로>라고 번역하는 것이 필요하다. 이두문으로 적힌 향가에 대해서는 많은 역사주의 비평가들이 최대한의 번역술을 동원했음을 우리는 알고 있다. 많은 역사주의 비평가들이 문법학자, 특히 역사문법학자가 되는 까닭은 여기에 있는 것이다. 작품을 <번역>하다 보니 옛말의 문법 자체가 하나의 독립된 학문으로 굳은 것이다.
　주석, 해설, <번역>이 순전한 비문학적 작업이라고 단정해서는 안 될 것이다. 가치가 있다고 인정되는 작품에 대한 주석, 해설, 번역은 확실히 비평적 노작인 것이다. 「번역은 제2의 창작」이라는 말이 수긍된다면 현대와 언어적 거리가 있는 옛 작품의 해설인 <번역> 역시 문학적, 즉 비평적 노작인 것이다. 그러나 역사문법의 자료의 가치밖에 없는 옛 글에 대한 주석은 비평은 아니다. 단지 고전문헌에 대한 언어학적 처리일 뿐이다. 역사주의 문학 연구가들이 지나치게 역사문법에 경도한 나머지 종종 저지르는 과오이다. 옛 글이라고 해서 다 고전 <문학>에 속하는 것은 아니다. <문학>이라는 개념은 어디까지나 가치의식을 내포하고 있는 것이다.
　엄격히 말해서, 모든 문학작품의 제1차적 참고서는 사전과 문법서이다. 물론 대개의 사전과 문법서는 한 시대의 언어 현상의 설명에 국한되어 있으므로 문학작품을 해설, 해석하기 위한 사전, 문법서는 그 작품이 씌어진 당시의 것이면 가장 좋다. 그러나 옥스포드 영어 사전처럼 소위 역사적 원칙에 의한 사전이나 시대별 사전(중세 국어사전 등), 역사문법학 등도 도움이 된다. 현대 문학의 참고서는 현대문법과 현대어사전이 될 것이다. 구체적으로 역사주의 비평가가 한 작품의 언어적 측면에 비평적 노력을 가할 때 유의해야 할 점들을 생각해 보기로 한다.

(1) 음 운 론

될 수 있는 한, 작품이 씌어진 때와 장소에서 사용되던 음운체계를 재구성해야 된다. 특히 운문의 경우, 이 작업은 대단히 중요하다. 「시는 이해되기 전에 전달된다」는 엘리어트의 말은 시작품의 음운체계가 의미 전달에 가지는 비중을 강조해서 하는 말이다. 따라서 한 시대의 음운체계—운율, 압운, 음의 고저 장단—를 이해하지 못하고는 그 시대의 시 작품의 의미를 완전히 파악할 수 없다는 결론이 나온다. 시의 음악성은 작자 자신도 설명할 수 없을 만큼 교묘히 얽혀 있는 음의 조직에서 대부분 유래하는데, 지나간 시대의 낯선 음을 재생하여 음미하기란 쉽지 않은 일이다. 유럽에서는 중세 시의 음악적 조직을 당시 사람들보다도 더 잘 알게 되었다고 주장하는 판이다. 특히 에두아르트 시버스(Eduard Sievers)는 영웅서사시 <베어울프>(*Beowulf*)등 10세기 이전의 앵글로색슨 및 게르만 종족의 미묘한 운율법을 재발굴해내 명성을 누리고 있다. <셰익스피어의 발음>같은 저서도[14], 실제 녹음 음판도 나오고 있다. 어쩌면 우리 나라에서도 역사 음운론의 발달로 <용비어천가>의 운율 조직에 관한 이론체계가 설 만도 하다. 문외한의 단견으로는 <용비어천가>에서 사용된 음질, 또는 음량을 제시하는 방

---

14) Helge Kökeritz, *Shakespeare's Pronunciation*, 1953.

점이 그 시 작품, 나아가서는 이조 초기의 시의 운율조직과 혹시 약간의 관계가 있지 않을까 한다. 중국시의 평칙법처럼 말이다. 어쨌든 세종대왕이 발음하던 방식 그대로 <용가>를 낭송할 수 있다면 얼마나 좋을까! 과거 운율의 재구성은 우리 역사주의 비평가가 아직 착수하지 못한 분야이다.

(2) 어 휘

우리가 시조에서 보는 어휘가 이조시대 사람들의 일상용어였다고 생각하면 큰 오류이다. 아무리 이조 시대의 점잖은 양반이라도 「어지버, 배가 고프다」 라곤 하지 않았단 말이다. 즉 시조에서 사용한 말은 시어였다. 시어의 효과는 거기에 대응하는 일상용어와 대조해 볼 때 잘 드러나지만, 우리는 불행히도 이조 시대의 일상용어의 기록이 많지 않다. 그러나 어쨌든 시조의 진가를 어휘면에서 판단하기 위해서는 그 사용된 시어의 의미 표출기능을 당시의 일상언어와 대비해야 할 것이다.

시대를 따라 일상어휘의 변동이 생긴다. 허균이 <홍길동전>을 쓸 당시의 일상어휘를 빈도수에 따라 추정할 수는 없을까? 무릇 작가의 역량은 당시의 기본 어휘의 틀을 벗어나 얼마만큼이나 독자적 어휘를 가지고 있는가에 잘 나타난다. 그것을 알아내기 위하여서는 허균 당시에 사용되던 어휘를 모든 문헌에서 수집하고 (특수시대어 사전을 만드는 일), 허균의 어휘와 비교해야 할 것이다.

구미의 학계에서는 이러한 작업이 벌써 오래 전부터 진행되고 있다. 한 작가의 어휘를 모두 나열하고 출전(작품)을 일일이 밝히고 빈도수를 보이는 콘코단스(concordance)를 작성하는 바, 현재에는 컴퓨터를 가지고 단시일에 그 복잡한 일을 해치운다. 콘코단스는 한 작가의 작품의 어휘 인덱스이다. 이런 인덱스를 보면 그 작가가 무슨 단어를 가장 많이, 어떤 의미로, 어떤 문맥에서, 무슨 단어와 연결해서 사용했는지 밝혀내고, 따라서 작품의 해석과 가치판단에 지대한 도움을 준다.

위대한 작가는 많은 어휘를 가질 뿐 아니라, 또한 독특하게 어휘를 사용한다. 그 독특성이 지나쳐 위에서 언급한 바 해석이 필요한 경우도 있다. 그런 경우가 특히 많은 작가에 대하여서는 별도의 사전을 만들 필요가 있게 된다. 작가적 중요성이 세계 으뜸이라 할 수 있는 셰익스피어에 대해서는 여러 개의 사전이 나와 있다.15) 그러나 물론 개인 작가에 대한 사전이 꾸며지기 위해서는 실로 많은 우수 작품이 남겨져 있어야 할 것이다.

(3) 구 문

역사주의 비평가가 고전문법의 지식을 가지고 한 시대 또는 한 작가의 작품의 구문이 문학적 효과를 위하여 어떻게 짜여져 있는가는 연구해 볼 만한 과제이다. 어휘의 선정 못지 않게 문장구성의 습관도 작가에 따라 상당히 달라질 수 있다. 중요한 것은 그러한 차이가 어떤 비평적 의의를 가지는가를 발견하는 일이다.

향가나 고대 가요를 처음 대할 때 느끼는 충격은 우선 그 이색적 어휘에서 오지만 그 보다 더 충격적인 것은—거의 참을 수 없는 충격을 주는 것은—그 구문일 것이다. 우리말의 접사와 끝바꿈이 매우 불안정한 성질을 가지고 있어 그러는 것 같다. 「가던 새, 가던 새 본다」가 「가던 새, 가던 새를 보았느냐?」라는 구문과 동일한 의미를 가진 구문이라는 사실이 현대 독자에게 주는 쇼크를 완화시키는 것이 역사주의 비평가

---

15) Alexander Schmidt, *Shakespeare-Lexicon* (Berlin, 1874~75); C. T. Onions, A *Shakespeare Glossary* (Oxford, 1911)는 유명한 사전이고, E. Partridge의 *Shakespeare's Bawdy* (Lodon, 1947)는 셰익스피어 작품에 나오는 섹스에 관한 어휘만 모아 놓은 특수 사전이다.

의 임무 중 하나이다.

같은 시대를 시와 산문의 구분의 차이도 현저하다. 장르에 따라 각기 독특한 문법이 있을 수 있음을 시사한다.

이상에서는 언어의 일반적 속성들을 한 시대 또는 한 작가가 우리 시대와 얼마나 틀리게 사용했는가를 밝혀서 우리에게 작품 접근에의 장애를 제거하는 작업에 관하여 이야기하였다. 다음에는 역사주의 비평가의 해설(elucidation)의 단계를 보기로 한다. 이 작업은 독자들로 하여금 특수하게 씌어진 언어의 효과를 십분 감지하도록 해주려는 것이 목적이다. 이 작업에 속하는 것으로 고사성어의 시대상에 대한 암시(allusion), 관습적 표현(cliché)등의 해설이 있다.

중국 문헌에서 유래한 고사성어의 해설은 대체로 모든 주석가들이 행하는 일이다. 잊지 않아야 할 것은 우리 눈에 생소하고 어긋나는 듯한 고사성어가 당시의 문학적 관습에 속하는 것이어서 당시 사람들에게는 하등 어렵다든가 생소하지 않았던 경우가 허다하다는 사실이다. 그러므로 고사성어의 해설은 단지 그 의미를 밝히는 것뿐 아니라, 그런 표현을 예사로 알던 당시의 문학의 수용태도를 함께 설명해야 한다는 것이다. 즉, 고사성어의 사전적 의미만 가지고는 그것의 완전한 해설을 기할 수 없다. 그것은 1차적 번역일 뿐이다.

「일락쟝사 츄식원에 날이 저므러 못 오는가, 촉도 지난이 난어샹텬ᄒ니 길이 험ᄒ여 못 오는가.」

춘향이 옥중에서 그리고 그리던 이몽룡을 만나 일종의 바로크 스타일의 장탄식을 하는 중에 이렇게 유식하게 뇌이고 있다. 日落長沙秋色遠은 문학적 암시(allusion), 즉 흔한 중국의 시귀에의 언급이고, 蜀道之難 難於上靑天은 고사에의 암시이다. 이 힘든 한문식 표현을 번역만 해주는 데 그친 주석가는 비평의 임무를 못 다한 것이다. 이 대중문학, 아니 통속 문학작품은 장판에서 무식한 서민을 상대로 상연 또는 낭독되곤 했다. 확실히 잘 팔리는 인기상품이었을 것이다. 무식한 청중이 부자연스레 여기지 않고 재미있어 했을 것이다. 즉, 춘향의 유식한 푸념은 우리에게 어울리지도 않고 어렵게만 느껴질지 모르나, 당시의 관습으로는 그런 것은 문학에서 으례 기대하고 또 요구했던 것이라고 생각된다. 그러므로 주석가는 당시 독자나 청중에게 안겨지던 감흥의 절반이라도 우리에게 살아나도록 해설을 가해야 할 것이다.

고전작품은 향수(享受)를 위해 이해의 과정을 의식적으로 노력하여 거쳐야 한다. 일단 향수의 경지에 들어가면 이해를 위한 보다 비문학적 과정은 잊혀질 수 있다. 즉 단순한 훈고, 주석은 필요한 수단이거나, 일단 목적을 달했을 때에는 쉽사리 자리를 비키는 까닭에 장애가 되지 않는다. 이것은 일종의 기적인바, 이 기적은 역사주의 비평가가 현대의 독자를 의식하면서 또한 고전의 진가를 확신하면서 표현매체인 언어를 폭넓게 다룰 때 비로소 생기는 기적이다. 그러므로 과거의 작품을 이해하는 데에는 두 개의 언어에 대한 지식이 필요하다. 하나는 과거의 작가의 언어이고 또 하나는 시간의 넓은 격차를 뛰어 넘어서 있는 우리 자신의 언어이다. 과거의 작가는 자기의 언어로 자기 시대 사람에게 뿐 아니라, 현재의 우리에게 이야기하고 있는바, 우리는 우리의 언어를 버리지 않으면서 그의 언어에 귀를 기울일 수 있어야 한다. 그 두 개의 언어를 상호 절충하는 일이야말로 역사주의 비평가의 최대의 임무에 속한다. 여기에 역사주의자의 비평가로서의 역량이 기대된다.

3. 작가 연구

아마도 역사주의 비평의 중심적 영역은 작가연구(biography)

이다. 쌩뜨 뵈브와 테느가 작품보다 작가에 더 큰 관심을 기울였던 사실을 위에서 이야기하였다. 위대한 작품의 생산자는 더욱 위대하다는 천재 또는 영웅 숭배의 낭만적 사상이 작가 연구를 고취하기도 했지만, 작가는 작품이라는 현상의 원인이 된다는 인과율의 과학적 사고방식의 영향도 크다. 영웅숭배주의가 사라진 오늘날에도 작가의 성격과 생애를 연구하는 일이 계속되고 있는 것은 바로 그 과학적인 이유에서이다.

한 작품에 명백한 원인이 있다면 그것은 그 생산자인 작가임에 틀림없다. 원인에서 결과가 나온다. 원인의 성격과 의도에 따라 결과는 결정된다. 모든 작가의 전기 연구자는 작품의 성패를 작가의 의도에 비추어 판단한다. 의도에 결함이 있을 경우에는 결과에도 결함이 있게 마련이라고 믿는 것이다. 이러한 논리에서 작품의 결함의 근원을 작가의 개성, 사상, 생활에서 찾아보려고 하는 것이다(작가의 개성, 사상, 생활이 의식적 또는 무의식적 의도를 형성한다).

웰렉과 와른이 지적하는 바와 같이 작가 연구는 생산된 작품의 해석에 빛을 던져 주는가의 여부에 따라 그 가치가 결정된다.16) 순전한 개인의 개성의 발달과정이나 창작심리학은 문예 비평의 범주를 상당히 벗어난 작업이라 할 수 있다. 다시 말하자면 작가, 작품, 독자의 세 주체의 원활한 대화를 마련하는 작업이야말로 올바른 작가 연구가 될 것이다.

이러한 작업을 벌여 나가기 위하여 작가 연구자는 작품, 생산에 관련된 작가의 모든 면모를 다 파헤치고자 한다. 작가의 정신적 자세, 교육, 교우관계, 신체적 조건, 친척관계, 직업, 재산정도, 애정관계, 읽은 책, 정치사상, 습관, 취미, 심지어는 입맛까지도 작품 생산에 관련이 있다고 판단되면 가치 있는 정보로 간주하여 수집 정리하는 것이다. 문제는 그 가치 유무를

---

16) Rene Wellek and Austin Warren, *Theory of Literature* (New York: Harcourt, 1949), 63면.

판단하는 비평적 능력이다. 어디서나 비평의식은 살아 있어야 한다.

문학적 전기(literary biography)는 자칫하면 한 작가의 일화집, 또는 연대기적 사실 나열, 또는 단순한 회고록에 지나지 않을 수 있다. 웰렉과 와른이 지적하는 바와 같이 문학적 전기가 일반 역사서와 방법론적 차이가 없다면 그것은 단순한 역사서, 그것도 아마츄어에 의한 역사서에 불과한 것이 된다. 근년에 이르러 전기 자체의 방법론이 사실 나열주의에서 비판적 해석주의로 변천함에 따라 문학적 전기 역시 많이 변모하였다. 소위 비평적 전기(critical biography)라는 것이 생기게 된 것이다. 아래에서 사계의 권위인 리온 이들(Leon Edel)에 따라 문학적 전기의 방법론을 개괄키로 한다. 리온 이들은 우선 문학적 전기의 세 가지 형태를 비판한다.[17]

(1) 포괄적 연대기(chronicle compendium)

이것은 수집 가능한 모든 자료들을 별로 취사선택을 하지 않고, 시간상의 선후에 따라 배열하고 사이사이에 약간의 연결적 설명을 붙여 하나의 <이야기>를 꾸며 놓은 것이다. 그러니까 대개 장황하기 마련이다.

(2) 문학적 초상화(literary portrait)

이것은 화가의 초상화처럼 시각적이고 간단하다. 배경설명은 최소한도로 줄어들고 독자(관객?)는 저자가 선택하여 제시한 작가 성격의 양상들만을 대하게 된다. 성격소묘(sketch), 프로필(profile)등도 모두 이 부류에 속한다.

---

17) Leon Edel, "Literature and Biography," *in Relations of Literary study*, ed., James Thorpe(New York: MLA, 1967).

(3) 유기적 전기(organic biography)

좀더 흔히는 <비평적 전기>로 알려진 것이다. 비평가는 주어진 자료를 한데 뒤섞어 <용해>한 다음, 자기가 해석하는 방향으로 작가의 정신적 모습을 재구성한다. 그는 자료들로 하여금 스스로 작가에 관하여 이야기하도록 내버려두지 않고, 자기가 직접 이야기를 전개시켜 나갈 뿐 아니라 취급 대상이 되어 있는 작가의 성격에 따라 적절한 이야기의 형식을 취한다. 연대기나 초상화의 방법과 형식은 거의 일정하지만, 비평적 전기는 비평가의 해석에 따라 이야기의 형식과 방법이 달라지는 것이다. 이런 의미에서 비평적 전기는 하나의 예술에 접근한다.

대체로 전기 또한 인물연구는 화려하든가 복잡다단한 공생애를 가진 사람을 대상으로 하기 마련이다. 그러나 작가라는 부류는 거의 모두 별 신통치 않은 공생애를 가지고 있다. 독서와 사색과 집필의 생애는 밖에서 볼 때 구경거리가 될 만하지는 못하다. 그러므로 문학적 전기는 활동인의 이야기가 아니라, 상상력과 창조과정에 관한 이야기가 되기 쉬운 것이다. 책상머리에 앉은 작가의 정신 속에 떠오르던 창조적 에너지, 화려한 상상의 세계, 혼돈에서 질서를 찾는 말의 홍수를 어떻게 다시 포착할 것인가? 그의 별로 화려하지 못한 자질구레한 일상생활의 사실들과 그의 찬란한 생산품—즉 작품—과를 어떻게 연결시킬 것인가? 이러한 문제들로 말미암아 비평적 전기는 다음과 같이 별도의 방법을 발전시켜야 한다.

(ㄱ) 자료의 처리 문제—예전과 달라 현대에 가까이 올수록 한 작가에 대한 전기적 자료가 풍부하다. 특히 자의식이 발달한 작가 자신이 자기 신변에 관한 사실들을 많이 기록으로 남기고 있다. 우리 나라에서는 아직 자료 수집이 만족할 정도에 달했다고 볼 수 있는 작가가 별로 없지만, 이것은 역사학의 방법을 배워서 시간과 노력을 들임으로써 해결할 수 있을 것이다. 자료의 수집은 일차적 작업이니까, 비평적 전기를 쓰고자

하는 사람도 우선은 수집된 자료를 모두 접해야 한다. 그러나 물론 자료 나열주의는 무의미한 것이고, 비평가는 주어진 자료들을 한꺼번에 용해하여 자기 나름의 방향으로 새로운 형상을 주조해 내야 한다.

(ㄴ) 전기 작가는 문학의 한 장르에 종사한다는 의식을 가지고 자기 일에 임해야 한다. 성격파악, 심리적 통찰, 이야기 전개의 형식, 간결성, 전체적 조화 등, 이야기 예술의 적절한 응용이 요구되는 것이다. 순 객관적 역사(전기도 포함하여)라는 것은 망상이라는 진리를 요즈음에야 우리는 믿게 되었다. 다만 지나친 과장이나 비논리적 왜곡을 피하기 위한 건전한 식견 내지 판단력이 필요하다. 자료를 총망라하여 나열한다는 것은 오히려 예술적 의미에서뿐만 아니라, 논리적 의미에서도 왜곡을 범하는 것이 된다. 뚜렷한 원칙 하에서 자료의 선택은 모든 과학의 기본적 작업이며, 작가의 정신을 다루는 경우 그것은 일종의 예술인 것이다.

(ㄷ) 현대 전기작가는 심리학을 강력하고 유효한 방계과학으로 갖고 있다. 정신을 다루는 작업인 만큼, 전기문학은 심리학의 도움으로 자료의 선택과 해석을 보다 적절히 할 수 있게 되었다. 특히 정신분석학은 시, 소설, 희곡, 산문들을 그 작가의 내면을 파악하는 자료로 이용하는 방법을 암시하고 있다. 헬렌 가드너가 말한 바와 같이 전기를 연구하는 것은 <한 작가의 정신의 습관>을 알기 위한 것이다.[18] 적어도 문학적 활동을 하고 있을 때의 그의 정신적 습관을 알아보기 위한 것이다.[19] 모

---

18) Helen Gardner, *The Business of Criticism* (Oxford: Clarendon, 1959) 22면, <松江歌詞>에서 정철의 <정신적 습관>을 어떻게 찾아 낼 수 있을까?

그의 사고 유형 또는 습관적 지적 반응의 양식을 발굴하기 위해 어떠한 작업을 벌여야 할 것인가? 최근 김성태 교수가 이 충무공의 성격을 정신분석학적 방법으로 규명한 바 있는데, 이 방법을 작가연구에 적용할 수는 없을까?

든 작품들은 독특한 언어조직, 사상, 이미지, 심볼, 어조를 통하여 작가의 반응태도, 성격, 사고유형이 나타난다. 작가는 상당히 교묘하게(대개 무의식적이지만) 말의 장막으로 자신을 감추고 있다. 그는 여러 사람의 마스크(얼굴)와 이름과 목소리를 갖고 있지만, 전기작가는 그것들이 결국은 모두 동일한 인물, 동일한 자아의 소산이라는 신념에서 작품과 기타 자료의 세밀한 분석을 시도하는 것이다.

(ㄹ) 결국 전기작가와 문예비평가의 하는 일은 같다는 확신을 재삼 천명해야 할 것이다. 두 가지 다 문학을 이해하고 즐기기 위한 노력이며, 따라서 연구의 자료로서는 콘텍스트가 주어져 있는 작품 자체보다 더 가치있고 권위있는 것은 없다는 사실을 잊지 말아야 할 것이다.

4. 작가의 영향

작가의 생애는 그에 대한 전기를 위한 하나의 닫혀진 공간일 뿐 아니라, 그 자신을 벗어난 사회적·역사적 의미도 갖게 된다. 작가가 생산한 작품은 제3자에 전달되지 않으면 그 가치의 실현이 불가능하다. 비록 가상적이나마 독자를 상대하지 않는 작품은 없다. 가장 내밀하다는 일기, 수기의 경우도 마찬가지이다. 사회의 의사전달의 수단인 말이라는 것을 사용했다는 한 가지 이유만으로도 그것은 설명된다. 즉, 작품 속에서 작가는 가치를 형성하고 창조하지만, 이 가치의 발견, 음미, 판단, 향유는 독자에게 맡겨진다. 이런 의미에서 독자가 작품의 가치 구현에 참여한다는 말을 할 수 있다. 독자의 그러한 행위가 외면적으로 나타난 현상을 한 번 뒤집어 말하면, 소위 작가의 명

---

19) Q. D. Leavis, *Fiction and the Reading Public* (London, 1932) xiv면(이 책의 제목만 보아도 그 취급 영역의 독특성을 짐작할 수 있다).

성, 인기라는 것이 된다. 또 명성, 인기가 독자의 태도에 변화를 가져온 현상을 영향이라고 한다. 그런데 과거 작가의 명성과 영향은 현재 우리가 그 작품을 놓고 추정할 수 있는 이유들만 가지고서는 다 설명할 수 없는 경우가 허다하다. 한 시대를 휩쓴 인기작가가 다음 시대에 까맣게 잊혀지는 이유를 단지 작품에서만 발견해 낼 수는 없다는 말이다. 여기에 역사적 연구가 뒤따르는 것이다.

  문학적 영향 관계를 두 가지로 대별할 수 있다. 하나는 일반 독자에 대한 영향이고 또 하나는 특수한 창조적인 독자, 즉 동료 작가나 후배 작가에의 영향이다.

  독자 일반에의 영향을 연구하는 방법은 최근에야 발전되고 있다. 상호참여적 현상으로서의 문학의 절반을 차지하고 있다고 볼 수 있는 독자(audience)를 연구하는 일은 다른 연구 분야에 비해 무척 뒤진 감이 있다. 구미에서나 우리 나라에서나, 이를테면 한국 문학사 또는 한국 소설사를 집필하는 사람들이 그 문학 또는 소설이 실제로 독자를 가지고 있었다는 사실을 전혀 언급하고 있지 않다. <홍길동전>은 실제로 어떤 부류의 얼마나 많은 사람들에게 어떻게 읽혀졌는가 하는 문제도 한국 소설사가 반드시 다루어야 할 영역이란 말이다. 영국 비평가 리비스 부인은 이 문제에 관하여 이렇게 말하고 있다.

> 「<영국소설사>와 같은 굉장한 저작들이 계속 출간되고 있다. 그런 저서에는 모든 유명한 영국 소설의 플롯과 내력이 다 기록되어 있다. 그러나 그 작품들이 독자를 가졌었다는 암시는 전혀 없으며, 그들이 한 사회의 인간정신을 형성하는 일에 참여했다는 암시는 더구나 없다.」

  위에서 <홍길동전>을 언급하였거니와, 작자 허균의 혁신적 사상이 극히 위험시되어 그를 형장의 이슬로 사라지게 했다는 사실을 상기 할 때, 확실히 지배계급에게는 <홍길동전>이 받아들여질 수 없었던 것이다. 허균을 고발한 상소문과 정치적 현실, 보수파의 사상 등을 면밀히 검토하여 그 작품의 의미의 사회적 <위험도>를 측정할 수 있을 것이고, 그 <위험도>는 어쩌면 우리에게까지도 작용할 수 있는지 알아볼 만한 일이다. 그러나 <홍길동전>은 대중을 위한 작품이었던 까닭에—소설이라는 이조시대의 대중적 장르를 선택한 것을 보아도—당시 대중 자체에 어떠한 의미를 갖고 있었는지 규명할 수 있다면 지금 그 작품이 우리에게서 가지는 의미를 훨씬 더 명확히 하고 간혹 교정까지도 해줄 것이다.

이 작업을 수행하기 위해서는 우선 수고스러운 자료 발굴이 앞서야 한다. 일화, 잡담, 일기, 회고록등은 물론 책의 판매부수, 출판회수, 모방작의 수 등 직접적 자료를 수집하는 동시에 일반 대중의 사상, 감정, 사회제도, 독서 및 취미경향 등의 간접적 자료도 수집해야 할 것이다.[20]

작품의 의미를 이해하려는 노력에 있어서 현재의 우리 자신에게 주는 의미만을 고집하려는 버릇은 고쳐야 할 것이다. 작품의 독자는 횡적으로, 공간적으로만 퍼져 있을 뿐 아니라, 종적으로 시간적으로도 퍼져 있음을 알아야 한다. 허균 당시의 독자와 우리는 어떤 의미에 있어서는 공존성을 지닌다. 물론 이것은 어디까지나 작품의 의미에 더욱 밀접하게 접근 하고자 기본 의도가 살아 있지 않는 한, <비평적 노력>은 되지

---

[20] 예컨데, C. F. E. Spurgeon 의 *Five Hundred Years of Chaucer Criticism* (1357~1900) (3 vols, Cambrige, 1925)는 14세기 이래 500년 간 영시의 아버지라 불리는 Chaucer의 인간 및 예술에의 언급을 모두 수집해 놓고 있다. 이 저서가 Chaucer예술을 파악하는데 끼친 공헌은 이루 다 말할 수 없다. 한국의 이광수가 위대하다면, 그에 관하여 발설된 모든 진술을 다 수집해 놓는다면 이광수가 과연 어떤 독자를 가졌는지를 확연히 알 수가 있을 것이다.

못한다.

　작가끼리의 선후배 관계, 사숙 관계는 예전부터 역사주의자들의 즐기는 연구 주제가 되어 왔다. 이 부면의 연구는 대부분 유사성의 발견이라는 작업을 거친다.

　ㄱ이라는 작가가 ㄴ이라는 작가에게 영향을 주었다는 증거는 외적인 증거(ㄴ이 ㄱ에게 진 빚을 시인하는 것)가 없을 때에는 모두 작품 내부에서 추정되는 유사성 또는 관련성을 찾아내야 한다.

　외적 증거는 생각과는 달리, 전적으로 신뢰하기는 곤란한 경우가 많다. 대체로 후배 작가들은 선배 작가에게 진 빚을 별로 인정하려고 하지 않는 법이다. 그 선배 작가가 자타가 공인하는 위대한 작가, 이를테면 셰익스피어, 괴테 또는 현대인의 구설에 너무나도 자주 오르내리는 도스토예프스키라든지 엘리어트 등등인 경우에는, 대개의 경우 그 영향관계란 매우 모호해진다. 일반 독자가 그러한 대가들의 작품을 읽고 감명을 받았다고 하는 정도에 지나지 않을 수도 있다. 따라서 인생관 또는 예술관에 도움이 되었다는 것인지, 직접 작품제작에 도움이 되었다는 것인지, 판별하기 곤란한 경우가 많다.

　외적 증거는 반드시 내적 증거에 의하여 확증되어야 한다. ㄱ이 ㄴ에게서 많은 영향을 받았다고 공언할지라도 그 영향의 정도, 질, 형태 등이 작품 속에서, 오직 작품 속에서 믿을 만하게 추출되지 않고서는 그 공언은 오로지 일반이 ㄱ이 독서체험을 이야기하는 전기적 자료에 지나지 않는다.

　결국은 영향 관계의 규명작업 역시 작품 자체의 분석에 귀착하게 된다. 한때 선후 작가들 사이의 유사점 찾기 작업이 상당한 유행을 한 적이 있다. 한국 현대시에 있어서 김소월의 영향을 알아보는 작업은 할만한 일이 될 것이다. 이 일에 있어서 제1차적 작업은 소월의 시의 모든 특성들을 자세하고도 올바르게 파악하는 것이다. 이 작업에는 소월 자신이 영향을 받은 작가 및 전통에 대한 고찰도 포함시켜야 할 것이다. 소월 작품의 모든 면—언어, 리듬, 이미지, 상징, 구상, 색채, 정서, 사상 등에 대한 전적인 파악이 없이는 그의 어느 면이 어느 후배 시인의 어떤면에 어떤 영향을 얼마만큼 끼쳤는지 알기 힘들 것이다.

다음으로 할 일은 영향을 받은 것으로 추정되는 후배 작가의 작품을 역시 세밀하게 분석하는 것이다. 한 시인의 독특한 리듬이 다른 시인의 작품에 언제나 그대로 재현되지는 않는다. 문학적 친족관계를 전혀 판별할 수 없는 다른 형태로 나타날 수가 있는 것이다. 친족관계가 너무 확실할 경우는 작품의 가치가 위험 상태 또는 완전 실패라고 할 수 있다. 가장 무가치할 뿐 아니라 부정적인 친족 관계는 표절인 까닭이다. 리듬의 경우는 물론이려니와 이미지나 주제의 경우에 있어서도 마찬가지이다. 한 작가의 가장 중요한 특징이 반드시 후배 작가의 가장 중요한 특징이 되는 것은 아니다. 한층 더 기막힌 일은, 선배 작가에 대한 분명한 오해를 후배 작가가 자신의 예술의 사숙의 근거로 하는 경우도 없지 않다는 것이다. 그릇된 해석, 잘못된 이해, 허황된 이유로 셰익스피어나 괴테나 싸르뜨르를 경모하는 작가가 있을 수 있다는 말이다. 또 선배 작가의 리듬의 특징이 후배 작가의 이미지의 특징으로 둔갑하여 나타날 수도 있다. 이 모든 문제들이 문학적 영향 관계의 규명작업을 복잡하게 만든다.

그러나 그처럼 세밀한 분석으로만 끝난다면 그것은 문학연구의 목적을 달성한 것이 못 된다. 영향관계의 규명은 두 작가 (또는 그 이상)의 상대적 위치와 가치를 확인하기 위한 작업이 아니어서는 안 된다. 그것은 즉 두 개의 전체, 두 개의 완전한 가치의 구현을 마주 세워 놓는 일인 것이다. 결국은 두 작품을 동시에 파악하고자 하는 노력이다. 전적으로 비평적 노력이다.

영향관계의 규명에 있어 속단은 언제나 있을 수 있는 위험이며, 따라서 특별히 경계해야 할 물건이다. 선후관계라고 해서 반드시 연령의 선후를 뜻하지는 않는다. 늙은 괴테는 애송이 바이런에게 감복했다고 공언했다. 또한 어떤 두 작가가 서로 유사성이 있는 것은 둘이 다 같이 다른 제3의 작가에게서 공통적으로 영향을 받은 까닭이라는 사실이 뒤늦게 발견되기도 한다. 동료 작가들끼리의 상호관계는 더욱 규명이 복잡하다. 서로 주고받는 까닭이다. 웰렉이 지적하는 바와 같이 단순한 인용구, 표절, 반향들을 채집해 놓는 일은 싱거운 짓이다.[21] 그것들은 단순히 <영향관계에 있었다>는 사실밖에는 아무 것도 말해 줄 수 없다. 엘리어트의 말처럼, 한 작가의 독서가 그의 사고와 감정의 기틀을 직접적으로 또한 새롭게 변모시킨 상태를 의미 있는 영향이라 할 것이다.[22] 대번 알아볼 수 있는 인용이나 표절은 그다지 의미가 없다고 위에서 이미 언급했다.

일반적으로 말해서 모든 작가는 서로 영향을 주고받게 된다. 소위 문단, 문학계, 문학전통은 그러한 상호작용이 없이는 성립되지 않는다. 시야를 좀더 넓혀 생각하면 문단이라는 것도 사회 일반의 문학적 전통에 속하여 있다. 영향관계를 연구하는 사람이 사회의 문화전통을 그 대상에서 빠뜨릴 수는 없는 것이다. 소위 문학사라는 큰 영역이 생기기 마련이다.

5. 문학사의 문제

과거의 문학을 바로 알기 위해서는 과거의 문학적 환경을 바로 아는 것이 전제가 된다고 역사주의자는 믿는다. 역사주의 비평이 과거 언어에로의 복귀를 희구하는 이유가 문학은 언어의 특수한 조직체라는 것인바, 문학은 또한 문화의 특수한 표

---

21) Wellek and Warren, 348면.
22) T. S. Eliot, *Selected Essays* (Lodon; Faber, 1951), 386면.

현이므로 문화 자체를 알아보지 않을 수 없다. 문학사는 즉 특수문화사 또는 문화사의 한 챕터(장)인 것이다.

우리는 한 작품을 대할 때 그 <시대성>을 반드시 의식하게 된다. 이 작품은 오늘날의 것, 저것은 30년 쯤 전 것, 저것은 200년 쯤 묵은 것 등등의 과거의식(sense of the past)이 있음을 부인하지 못한다. 대개의 경우, 그러한 과거 의식은 표면적인 언어적 요소에서 쉽게 파악되는 것이나, 보다 중요하게는 그 작품의 의도, 내용 및 형식 자체에서 감지할 수 있다. 이 <과거의식>의 처리 문제는 역사주의 비평가의 가장 큰 문제의 하나로 대두되고 있다. 과거의식이 한 작품의 바른 이해와 평가에 어떻게 관여하는가? 확실히 정철의 가사는 지금으로부터 4백여 년 전 이씨 조선의 선비가 썼다는 문학 외적 사실에 대한 의식이 그 작품의 이해와 평가에 영향을 준다. 그것은 바람직한 영향인가? 우연한 것인가? 필요한 것인가? 해로운 것인가? 그것이 4백 년 전 정철의 작품이라는 것을 모르는 사람과 아는 사람 사이에 이해와 평가의 기준이 달라지는 이유는 무엇인가? 단적으로 말해서, 이와 같은 질문들에 대하여 만족스러운 대답을 발견하지 못하는 것이 현재의 문학이론의 결함이다. 그러나 작품의 역사성을 충분히 감안한 평가가 역사성을 전혀 인식하지 못했거나 잘못 인식한 평가보다 가치가 있다는 것은 누구나 인정하고 있다. 역사성의 인식은 이리하여 작품의 이해와 평가를 위한 기초작업으로 인정되고 있다.

문학사는 현재 위치에서 과거 문학의 역사성을 다룬다. 현재의 위치를 잊지 않는다는 것은 중요하다. 왜 그런고 하니, 과거 사실에 대한 이러한 과거의식, 즉 역사의식은 현재에 대한 강한 의식에서 과거 사실을 조망할 때 생길 수 있는 까닭이다. 현재를 버리고 과거로 되돌아가기를 주장하던 역사적 재구성 (historical reconstruction)은 인간의 의식구조상 불가능할 뿐 아니라 불필요하다. 과거 사실이 얼마만큼 <과거적>이냐를 측정할 기준이 없어지는 까닭이다. 과거를 현재 위치로부터 거꾸로 꿰뚫어 보자는 이른바 투시주의(perspectivism)의 입론이 강점을 갖게 됨은 당연하다.23)

모든 역사적 사실이 그러하다는 것이지만, 문학은 특히 역사성과 영구불변성이 신비스럽게 결합되어 있어 문제가 복잡해진다. 향가는 천 수백 년 전의 시대적 가변성(可變性)과 더불어 문학예술의 영구불변적 요소를 내포하고 있다. 문학사는 단지 문학의 시대적 가변성만을 취급할 수는 없다. 또한 문학예술을 다루어야 한다.

과거에는 이러한 제반 문제를 도외시하고 문학사를 작성하였었다. 단순한 문학사의 일부로 기술하던 경우도 있고, 과학적 인과율을 응용하여 문학적 현상의 변화의 원리를 설정하고 그것의 시대를 통한 작용을 고찰하는 경우도 있었다. <은근과 끈기>라는 민족문학 정신의 시대별 발로현상을 추구하는 국문학사가 있다. 작품에 나타난 국민생활상, 사상의 변천을 시대 순으로 캐어본 것이 문학사일 수도 있다.

그러나 문학사가 문학적인가 또는 역사적인가 하는 문제는 언제 한 번은 봉착되기 마련이다. 위에서 논의한 바와 같이 <문학적>이라는 말은 <영원불변적 가치가 있는>이라는 의미를 지향하고, <역사적>이라는 말은 <시대에 따라 변하는>이라는 의미를 내포한다면, 불변과 변화라는 두 의미의 상극을 한데 묶어 문학적 역사(또는 역사적 문화)를 어떻게 형성할 수 있느냐 하는 문제의식 때문에 20세기 중반에는 19세기나 20세기 초처럼 막대한 양의 문학사가 쏟아져 나오지 못하고 있는 것이다. 최근에 문학사의 방법에 대한 많은 논의를 거친 끝에 방

---

23) Wellek과 Warren이 극단적 역사주의와 형식주의의 절충 방식으로 내 놓은 것이 투시주의이다. *Theory of Literature* 제19장 참조. 이 문제에 관해서는 최익환, <역사의식과 문학비평>, <영어영문학> 13호 (1963, 5월) 100~136면 참조.

법론이 재정리되어 가는 중이다. 여기에 저명한 미국 문학사가인 로버트 스필러의 방법을 소개한다.

문학사(literary history)는 일정한 시대와 장소에서, 또 대개는 일정한 언어로 문학을 통하여 나타난 한 민족의 표현을 기술하고 설명하는 일을 한다. 「문학사는 문학이 일종의 독특한 표현이라는 점에서 다른 형태의 역사적 기술들과 구별된다」고 전제하고, 문학사는 언어사도 원본분석도 아니며, 특히, 평론이나 시평 따위의 좁은 의미의 비평도 아니라고 주장한다.[24] 그러나 폭넓은 비평에 의하여 어떤 것이 문학작품이며 또한 가치 있는 문예작품인가가 제시된다는 것을 인정한다. 문학사학자는 정치사학자 또는 경제사학자가 정치나 경제 부면에 나타난 인간의 역사를 다루듯이, 문학에 나타난 인간을 다루는 것이다. 그런고로 문학사가는 다른 사가들과 마찬가지로 우선 역사학 방법론(historiography)을 따르게 된다.

현대 사학사상에 의하면 역사는 사실이나 객체를 그것 그대로 기록하는 것이 아니라, 그러한 사실과 객체에 대한 인간의 경험의 기록이므로 사건(event), 즉 있었던 일(what was)이 아니라 일어났던 일(what happened)을 다루고, 행동이나 사고를 통한 사건의 표현을 다룬다. 또한 역사가는 완전한 객관성은 불가능하므로 그의 주관적 견해(편견일 경우라도 포함해서)가 역사적 서술에서는 하나의 객관적 요소로 취급되고, 따라서 그 결과를 평가할 때 그 주관성은 중요한 참작점이 되는 것이다.[25]

이상과 같은 역사학의 원칙 하에, 문학사가는 문예비평에 의하여 가치 있는 문예작품으로 판정이 된 한 시대 또는 한 부류의 작품들을 시간적 연속체로 서로 관련시킨다. 이러한 관련

---

[24] Robert E. Spiller, "Literary History," in *The Aims and Methods of Scholarship,* 55면.
[25] 이러한 현대사관은 E. H. Carr의 명저 *What is History?* (MacMillan, 1961)에 소상히 설명된다.

은 단지 작품들을 시대순으로 배열하기만 하면 저절로 의미 있게 성립되는 것은 아니다. 그렇다면 한 작품이 그 창작자와 동떨어져서 궁극적, 객관적 존재를 가질 수 있는가? 작품속에서 구현된 체험적 요소를 제공한 문화에서 동떨어져서 존재할 수 있는가? 작품이 나타났을 때 받아들이고 있는 독자는 그 작품의 역사적 의미와 무관한가? 또 다른 시대와 장소에서 다른 문화권에 속한 독자는? 작품들 상호간의 관련은 우연히 동시대에 혹은 시간적 시차를 가지고 나타나는가 또는 그 인과적 요소는 전혀 비문학적인 역사적 체험 속에 들어 있는가?

이런 기본적 질문들은 역사주의 비평가가 문학사의 과제를 대할 때 반드시 부딪치기 마련인 것들이다. 스필러는 이런 질문들에 대한 대답으로, 다음의 네 가지 형식의 문학사가 있을 수 있다고 보았다.

(ㄱ) 사실들을 시간적 순서에 따라 배열하는 형식의 문학사—사실들 사이의 인과적 연관을 고려치 않는다. 역사는 시간이라는 직선을 따라 흐를 뿐이다. 이 방법은 아주 나이브한 문학사이지만 모든 문학사는 우선 이 작업을 거치지 않을 수 없다.

(ㄴ) 작품 상호간의 원천과 영향을 고찰하는 방법—이 방법은 문학작품의 원천과 영향은 <문학적>일 때에만 의의가 있다는 것을 전제한다. 지나치게 협소하고 선택적인 방법이다.

(ㄷ) 위의 ㄱ, ㄴ의 방법은 물론이고, 창작가의 경험과 그가 속한 문화에서 그 작품의 원천을 찾고 또 그 작품이 독자들과 그들이 속한 문화에 끼친 영향까지 고찰하는 방법을 다 포함하는 것.

(ㄹ) 최근 형성 중인 방법으로서, 전진적 시간관 대신 윤회적 시간관을 내세우고 문학적 사건 대신 신화, 상징, 가치 등의 변형된 반복을 연구대상으로 하는 방법이 있다. 극단에 이르면 역사라는 개념은 부정되고 따라서 문학사의 범주를 벗어난다.[26]

스필러는 말할 것도 없이 위에서 ㄷ의 방법을 취택한다. 이는 현대 문학사가들의 대부분의 입장이다. 한 작품은 일정한 시간, 장소에서 한 예술가가 경험을 재료로 하여 생산한 유기체, 생명체로서 예술가가 처했던 상황에서 영향을 입었으나, 또한 예술가 개인과는 동떨어져서 그 자체의 생명을 가지는 동시에 독자와의 관계에서 또한 더 풍부한 생명을 가지는 본체이다.

우리는 위에서 역사주의 비평방법의 여러 부분을 보아왔지만, 그런 노력들은 모두 그 자체로서도 충분히 흥미롭기 때문에 비평가들이 종종 중도에서 자기 일에 도취하여 작품 자체의 고려에 돌아오지 못한 경우가 많다.[27] 이 위험을 늘 경계하면서 문학사가는 다음의 요소들을 고찰해야 할 것이다.

① 사상적 요소—문학은 그 생산지 및 생산시의 집단의 복잡다단한 사상의 풍토에서 얻어 오기도 하고 거기에 기여하기도 한다. 종교적·윤리적·정치적 사상과 관념같이 일상생활에 영향을 주는 요소들, 또는 어떤 유파를 형성하는 사상 및 관념은 작가의 심리적·정신적 환경을 이루고, 그는 이 환경에 반드시 반응을 보이게 된다(또, 사상적 환경이 그의 작품의 영향을 받을 수도 물론 있다). 다시 말하면 문학사가는 사상사가가 (아마츄어에 불과하더라도)아니될 수 없는 것이다.[28]

② 일반 사회생활상—관습, 풍속, 가치, 표준 등 한 시대, 한

---

26) Spiller, 48면.
27) 고전 국문학을 연구하는 사람이 단지 학자냐 또는 비평가냐 하는 논쟁은 아직도 종식되지 않고 있다. 서양서도 학문(scholarship)과 비평(criticism) 사이에 서로 우열의 논쟁을 벌인 바 있었으나 지금은 지양되었다. 국내의 논쟁에 대해서는 전규태 <학국 고전 문학의 이론>(서울, 정음사, 1966년) 31~38면 참조.
28) 정송강의 가사는 다분히 당시의 정치 사상을 반영한다. 그러나 그의 가사에 나타난 당시의 정치 사상을 연구하느니 보다 이조의 정치 사상이 송강의 가사에 어떻게 나타나고 있는가를 살피는 것이 문학사가의 일이 될 것이다.

장소의 사람들의 생활 양식은 작품 속에 표현되기 마련이다. 즉 작품의 원천을 형성한다. 문학사가는 일시적으로 민속학자, 경제사학자 등이 되는 것이다.29)

③ 정치, 사회적 제도―국가 또는 포괄적 사회조직 및 기구, 그 운영방식, 정부, 국가적 종교단체, 교육제도 등이 한 작가의 체험의 양태를 결정한다. 문학사가는 정치사, 사회제도사의 연구를 정서적으로 해내야 한다.30)

④ 전통과 신화, 즉 현실 저 너머의 정신적 신념이 문학에 참여한다는 것은 자명한 사실이다. 한 국가, 민족의 신화가 문학에 주는 영향은 문학이 사실적 지식보다는 상상적 신념에 관련되어 있는 까닭에 특히 중요하다. 이러한 신화적 신념은 상징, 심상, 제식, 설화 등의 형태로 나타나는데, 문학사가는 일시 인류학자가 되어 문학에 표현된 신화적 요소를 가려내여 그것을 민족의 신념과 소망에 연관시켜야 할 것이다.31)

⑤ 전기(biography)는 문학사의 원천 중에서 가장 중요하다. 심리학 및 사회학의 발달된 방법을 응용해야 한다.32)

이상은 <문화>라는 이름으로 총괄할 수 있는 문학사의 원천적 재료들이다. 이들을 가지고 문학사가는 실제로 어떤 모습의 <이야기>를 꾸미는가? 그 이야기가 직선적이 아님은 위에서 언급했다. 문학사, 더 넓게는 문화사는 출생, 성장, 쇠퇴의 윤회적 반복과 동시에 속도, 농도, 질 방향의 변화가 있다. 비교적 짧은 기간과 한정된 지역에서 여러 유사점을 가진 작품들이

---

29) 이조 말기 통속소설의 다량 생산은 일반 평민의 어떤 생활 양상에서 연유된다 할 것인가? 소위 언문의 보급, 사랑방과 규방의 분리, 농한기 등과 연결시켜 볼 수 없을까?
30) <임진록>의 연구자는 임진왜란 당시의 군사제도를 연구해야 할 것이다.
31) 신화에 대한 것은 제5장 <신화비평>에서 취급한다.
32) 이미 취급한 문제, 27면을 볼 것.

쏟아져 나오는 생산의 집중 현상이 있을 때, 이것이야말로 문학사가의 시선이 쏠리는 연구대상이다. 소위 르네상스, 계몽주의, 낭만주의 운동 등이 그런 예이다. 그 중간중간에 불모지가 있는 것이 사실이다. 이렇게 흥성기, 쇠망기가 합하여 이루는 기복의 다이나미즘이 문학사의 기본 구조를 이루게 하는 것이다. 이 다이나미즘의 원인과 영향이야말로 문학사가가 예의 규명해야 할 일거리이다. 규명의 단서는 언어, 문학형식, 장르, 문학운동, 작품의 생산 및 공급의 방식 등 복잡하다. 하나의 문학운동이 그 시초에서 전성기를 지나 쇠망기에 이르도록 추적되며 문학사의 한 싸이클이 형성된다.[33]

스필러는 문학사 그 자체가 하나의 예술적 형식임을 강조한다. 우선 주관성을 필수적 요소로 문학사에 융화시켜야 한다고 주장하고, 문학현상을 하나의 생동하는 힘의 현상으로 보는 만큼, 가치 있는 인간의 생활을 대상으로 하는 문학 자체와 주제에 있어 동일하다고 보는 것이다. 그가 상정하고 있는 문학사는 하나의 작품으로 읽혀지기에 충분할 만큼 상상적 진실의 표상이어야 하고 또한 예술적 형식미마저 가져야 한다는 것이다. 어떤 의미에서는 역사주의 비평은 결국 문학사를 형상화하는 작업을 궁극적 목적으로 한다고 볼 수 있다.

6. 문학 특유의 관습

역사주의 비평에 관하여 마지막으로 이 문제를 다룬다. 문학은 문화의 일부로서 일반 역사와 흐름을 같이한다고 할 수 있으나, 이 견해는 문학 자체의 독자성을 전혀 망각하는 결과를 낳기도 한다. 문학이 속한 문화의 변천과 문학 내부의 어떤 요

---

[33] Spiller 자신의 명저 *The Cycle of American Literature: An Essay in Historical Criticism* (New York, 1955)에서 보인 바와 같이 그는 한 싸이클의 추적을 문학사의 특수 임무로 보고 있다.

소들의 변천이 언제나 일치하는 것은 아니다. 테느의 극단론이 아니라 하더라도, 문화가 문학을 전적으로 결정한다는 생각은 한 작품과 그 제재(subject-matter) 사이에 1대 1의 상호 관련성이 있다고 전제하기 쉽다. 즉 문학을 한 시대의 정확한 복사판으로 보게 된다. 해리 르빈이 말한 바와 같이 문학은 문화를 반영하기보다 그것을 굴절한다고 보는 것이 옳다.34) 문학은 도수가 있는 렌즈이며, 이를 통해 보는 세계는 혹은 과장되며 혹은 축소되고, 혹은 찌그러지며 혹은 바로 선다.

문학은 그 자체의 역사를 갖도록 해주는 요소를 함유하고 있다. 이 내적 요소를 해리 르빈은 문학적 관습(literary-convention)이라 하고, 이를 다음과 같이 설명한다.

> 「문학적 관습은 예술과 생활의 필연적 차이라고 말할 수 있다.……예술은 기술상의 문제, 형식의 제한, 표현상의 난점 등으로 말미암아 인간 생활 자체와는 달라질 수밖에 없다. 예술가는 혼자서는 그런 장애물을 극복할 수 없으므로 독자의 도움을 받는다. 독자는 일정한 형식과 전제를 당연지사로 받아들여야 한다.―그들의 묵계는 인생의 가능성과 예술의 편법과의 타합이라는 결과를 낳는다……어떤 관습이 없이는 예술은 존재할 수 없다.」35)

우리가 그 시대의 문화적 배경을 잘 알면서도 한 작품을 오해 오독하는 경우가 있는 것은, 그 작품 자체가 따르고 있는 문학 자체의 관습을 바로 이해하지 못한 까닭일 때가 많다.

문학적 관습에는 여러 가지가 있다. 시간적으로 보아서 대단

---

34) Harry Levin, "Literature as an Institution." 이 유명한 논문은 이상섭의 편주 *Selected Modern Critical Essays* (서울, 영어영문학회, 1969) 201~218면에 수록됨. 인용 부분은 214면.
35) 위 책 212면.

히 지속적인 것과 단명한 것이 있다. 예를 들면, 경기체가(景氣體歌)의 형식은 비슷한 시기에 생겨난 시조 형식에 비교할 때 아주 단명한 관습이었다.36) 중요한 것은 이러한 형식적 관습이 작품의 의미에 어떤 독특한 변화를 주었는가 하는 점이다. 즉 그 관습을 바로 이해하지 못했을 경우 의미 파악과 그 감상이 저해받는 바가 있지 않나 하는 점이다.

문학적 언어, 문어체도 관습에 속한다고 볼 수 있다. 이조의 시조의 언어는 확실히 산문이나 일상생활 언어와는 다소 독특한 규칙 (시조문학에서만 통하는)과 스타일을 가진 언어였다. 그것이 문학적 언어였다는 사실은 그것이 일반 국어사와는 별다른 역사를 가진다는 뜻이다. 일반 국어사적 연구와는 다른 각도에서 연구되어야 할 독특성이 있다는 말이다. 그러나 시조를 읽는 사람은 시조에서는—다른 데가 아닌 시조에서는—그런 독특한 언어를 당연한 것으로 전제한다. 비유법, 문체, 기타 수사법, 이미지 및 상징들도 각 장르별로, 또는 주제별로 관습적 일면들을 가지고 있음을 조심해야 할 것이다.

해리 르빈의 말과 같이 문학적 관습은 실생활과 문학을 갈라 놓는 중요 요소이다. 성춘향은 어떤 한국적 여인상을 여실히 대표한다기보다 이조시대의 문학적 여인상, 즉 서민 대중이 예술 속에서 기대하는 꿈에 그리는 여인상이었다. 그것은 춘향의 여러 사촌들—<춘향전>계열의 소설류에 등장하는 여인들—과 더불어 하나의 문학적 가족을 이룬다. 이런 의미에서 역사사회학자가 춘향을 당시 실제 사회의 여인의 하나로 간주할

---

36) 고려 말엽의 생활상, 정치사상 내지 문화일반에서 <경기체가>의 독특한 형식을 낳은 <원인>을 꼬집어 낼 수는 없다. 그런 원인에 대한 추측은 다 억측일 뿐이다. 형식적 관습(formal conve-ntion)—다른 관습도 마찬가지이나—은 독자들이 <으례 있는 것>으로 받아들이지 않으면 가장 우스꽝스럽고 비이성적 요소, 따라서 상식적 설명이 있을 수 없는 요소이다. 시조는 왜 3장, 45자로 지어져야만 하는가 라는 질문은 있을 수 없다.

때 큰 오류를 범하는 것이 됨은 자명한 일이다. 춘향의 절개에 감동하는 많은 여인들이 실생활에서는 얼마든지 절개를 내버리던 것은 현대뿐 아니라 이조시대에도 늘 있었던 일이었다. 그럼에도 불구하고 성춘향이 살아 있는 까닭은 소설책이라는 형식의 관습을 받아들인다는 묵계가 있기 때문이다.

위에서 <춘향전>계열이란 말을 하였거니와, 한 계열에 속하는 서사문학에 있어서 플롯의 전개, 등장인물, 결말의 방식 등이 모두 공식에 맞춘 듯이 비슷비슷한 경우가 있다. 그것은 한 유파의 서사문학, 즉 한 장르에 속하는 소설이 대체로 한 가지 관습을 따르고 있는 까닭이다. 이러한 작품들을 예의 고찰하면 어느 작품이 그 관습을 가장 창의적으로 이용하고 있는지 알 수 있다. 독자는 언제나 안심하고 있을 수 있도록 관습의 준수를 기대하는 반면, 단조로움을 깨뜨릴 수 있도록 관습의 새로운 이용을 원하는 것이다. 이리하여 관습의 그 자체의 변천과정을 갖게 되는 것이다. 그러나 한 관습이 지나치게 고수되어 그것으로 창의성을 발휘할 수용성이 고갈될 경우, 그 관습은 죽는다. 일반계급의 가사형식이란 관습이 현재 죽어 없어진 이유는 무엇일까? 가사의 관습들이 창의성을 유발할 수 없는 제한성을 너무 많이 내포하고 있었던 까닭인가? 반면에 시조는 현대에 다시 문학의 여러 장르들과 어깨를 나란히 하여 창의력을 발휘하고 있는바, 그 주축이 되는 몇 가지 관습은 고려 말 이래 적어도 외형상으로는 변함이 없이 유지되고 있다.[37]

형식상의 관습은 비교적 판단이 간단하다. 그러나 문학적 이념과 주제에 관련된 관습은 자주 오해된다. 우리 시조와 가사에서 가장 인기 있던 관습적 주제(conventional theme)는 전원사상이었다. <샛별 지자 종다리 떴다>식의 전원주의는 당시

---

[37] 시조의 형식이 현대에 다시 부활한 것은 과거의 내용의 관습(충성심, 전원취미 등등)을 버리고 새로운 언어와 이미저리의 관습을 창시한 까닭이라 볼 수 있다.

사회생활의 액면 그대로의 반영이 아니라 그 자체의 법칙과 전통을 가진 문학적 관습이었다. 물론 어떤 양반은 정말 새벽에 일어나 이슬에 잠방이가 젖는 것을 즐긴 사실이 있을 수도 있으나, 예나 이제나 양반은 그런 일을 잘 안하는 법이다. 그러나 어떤 관념상의 관습의 테두리 안에서는 그런 생각을 즐긴다. 모르긴 하겠으되, 전원주의는 옛날 도연명 문학의 영향으로 확산된 순문학적 관습이다(서양에도 그 비슷한 것이 있었다). 전원문학의 근원을 전원생활에서가 아니라 문학 내의 관습적 주제에서 찾아야 한다는 것은 분명하다.

 문학적 관습 중에 가장 근본적이고 큰 것은 두 말 할 것도 없이 장르의 관습이다. 예로부터 사람들은 주로 시(노래), 소설(얘기), 희곡(놀이)의 세 장르를 인정해 왔다. 인간의 감정과 사상을 아름답게 표현하는 길은 그 세 가지 만으로 만족하고, 또 그러기를 기대하는 관습이 굳어졌다. 그 3대 장르는 각각 또한 여러 작은 장르들을 포괄하고, 또 그것들이 저마다 각종 관습의 그물에 얽혀 있다. 여기서 그것들을 논할 수는 없으나, 단지 한 시대의 문학작품에 대한 관습론적 아프로취가 우리나라에서는 아직 미진한 상태에 있다는 점만은 지적해 두고 싶다. 그러나 구미에서도 20세기에 들어와서 이 방법을 개척한 것을 감안하면 우리도 아주 늦은 것은 아니다.[38]

 이상에서 우리는 역사주의 비평의 여러 면모를 일별하였다. 누누이 이야기하였지만, 역사주의의 위험은 문학작품에서 출발해서 그것의 배경을 탐색하다가 다시 작품으로 돌아오는 길을 잊든가 모르든가 한다는 점이다. 역사주의자는 문학 외적 사실에 매료되어서는 안 될 것이다. 언제나 자신은 문학 자체의 비평—가치의 추구 및 판단—에 종사한다는 자각이 필요한 것이다.

---

[38] 새로운 장르론에 관해서는 Wellek and Warren, 제 17 장 참조.

제 2 장 형식주의 비평의 방법

「비극은 완전하고 전체적이고 일정한 크기가 있는 한 행위의 모방이다. 전체라는 것은 처음, 중간, 끝이 있는 사물을 말한다. 처음이라는 것은 인과적 필연성에 의해 앞의 것을 따르는 것이 아니라, 그 뒤에는 무엇인가가 따르든가 존재하는 것을 말한다. 끝이라는 것은 그와 반대로 어떤 것을 자연히 따르는 반면 뒤에 따라오는 것이 없는 것을 말한다. 중간은 앞의 것을 따르고 뒤에 무엇이 딸리는 것을 말한다. 그런고로 잘 구성된 플롯은 함부로 시작하거나 끝내서는 안 되고 위의 원칙에 부합해야 한다. 따라서 아름다운 대상은 부분들의 질서 있는 배열뿐 아니라 일정한 크기 역시 필요하다. 아름다움이라는 것은 크기와 질서에 의존하는 까닭이다.……우리 눈은 한꺼번에 전부를 다 받아들일 수 없을 때 전체에 대한 의식을 잃는다……」

「부분들의 구조적 통일은 그들 중 하나라도 위치가 변하든가 제거되었을 때 전체가 흩어지고 교란될 그런 성질의 통일이다. 있으나 없으나 마찬가지로 아무런 뚜렷한 변화를 가져오지 않는 부분은 전체에 대한 <유기적> 부분이 되지 못한다.」[1]

너무나도 잘 알려진 아리스토텔레스의 이 말들을 새삼스레 인용한 것은 그것이 지금 우리가 다루고자 하는 형식주의 비평의 금과옥조가 되는 까닭이다. 위의 말을 요약하면 결국 전체와 부분의 특수한 조직적 관계를 문학에서 찾는다는 것이다. 이 전체는 그것의 외부에 존재하는 것과 필연적 관계를 맺지 않고 있는 독자적인 것으로 보아야 비로소 의미 있는 전체가 된다. 전체라는 개념은 그 구성 부분들의 존재를 인정하는 데서 성립된다. 아리스토텔레스의 후예인 형식주의자들은 부분들의 독특한 조직으로서의 단일한 전체적 형상을 문학 연구의 가장 중심적 대상으로 보고, 그 형상의 근원, 생성과정, 효용 등은 제2차적 내지 비문학적 주제가 된다고 믿는다.

아리스토텔레스는 윤리학자이기도 하였지만 문학의 특수조직 형태를 이야기할 때에는 그 윤리적 내용면은 일부러라도 언급을 피한 듯하다. 윤리학(선한것)과 미학(아름다운것)은 언제나 서로 잘 뒤섞이기 마련이나, 그는 그 둘을 확연히 구별함으로써 얻어질 이점을 생각했던 것 같다. 이 생각은 근대에 이르러 엠마누엘 칸트에 의하여 재정비되어 철학의 새 분야인 미학을 성립시켰다. <무목적의 목적성>(Zweckmässigkeit oh-ne Zweck)은 쉽게 말해서 실제적 목적(이해관계)이 없는, 그 자체가 목적이 되는 경험이 바로 미적 경험이라는 것이다. 미가 또 다른 궁극적 목적에 의존하는 것이 아닌 자주성을 가진 범주라는 것이다. 칸트는 이런 경험이 만족의 쾌감을 준다고 했다. 윤리, 도덕적 효용과는 1차적으로는 단절된, 이해관계가 없는(disinterested) 체험인 것이다.

독일의 관념철학과 미학의 영향을 받은 영국 비평가 사무엘 테일러 코울릿지는 영미의 형식주의 비평의 직접적 선조가 된다. 다음의 그의 진술에서 아리스토텔레스와 칸트의 기본 입장

---

1) <시학>, 7장, 8장.

이 재천명됨을 볼 수 있다.

> 「시는 일종의 글로서, 그 <직접적> 목적을 진리(사실)에다 두지 않고 쾌감에 둔다는 점에서 과학적 저술과 대치되며, 각 부분으로부터 오는 만족감과 더불어 조화를 이루는 전체의 쾌감을 제공한다는 점에서 여타의 쾌감 목적의 글과도 구별된다.……진정한 시의 정의를 말하자면……그 부분들이 서로 서로를 지탱하고 설명하는 글이다……따라서 기발한 시귀들이 문맥에서 동떨어져서 전체에 화합하는 부분이 되지 못하고, 그 자체로서 별개의 전체를 구성할 때 이를 좋은 시라 할 수 없다.」2)

코울릿지는 명백히 시(문학)와 과학을 구분하며, 문학이 주는 독특한 쾌감을 유일무이의 직접적 목적으로 보고 있고 조화된 전체를 이루는 부분들을 강조하고 있다.

외부와 일단 단절된 것으로 간주되는 완전한 전체로서의 문학작품의 역사성은 미미한 의의, 또는 대체로 무시해도 좋은 중요성밖에 갖고 있지 못하다. 하나의 작품은 그 자체대로 그것의 의미를 밝혀 줄 필요한 모든 요소를 다 구비하고 있으며, 따라서 과거의 작품이나 현대의 작품이나 모두 동일한 기준에 의해 판단될 수 있다. 형식주의에게 절대주의, 단원론 등의 이름들이 붙여지는 소이가 여기에 있다. 역사성뿐만 아니라 문학작품의 국적을 무의미하다고 보는 일파도 있다. 소위 세계문학주의이다.

전체를 구성한 부분들을 세밀히 알고자 함에서 형식주의 비평가는 자연히 분석적이 된다. 작품이라는 전체는 대단히 복잡한 조직체임을 믿는 까닭에 분석은 매우 다기하며 무궁무진할

---

2) Samuel Taylor Coleridge, *Biographia Literaria*, 제14장.

수 있다. 분석과 더불어, 유사한 부분들의 비교와 대조 역시 무한한 문제를 낳는다. 형식주의가 분석적임은 타고난 운명이다.

아리스토텔레스, 칸트, 코울릿지의 넓은 의미의 형식주의 문학관은 현대에 이르러 리쳐즈, 엘리어트, 파운드 등의 이론과 실제 비평에서 계승되었고, 그후 주로 미국에서 뉴크리티시즘의 급진적 형식주의를 낳았다.

현대 비평의 가장 뚜렷한 방법의 하나인 형식주의의 실제 적용의 면모를 아래에서 개관한다.

1. 문학 작품의 음성적 조직

역사주의 비평가 중에서 특별히 언어면에 관심을 갖는 이는 작품의 가장 표면적 조직인 음성에 대해서 크게 주의를 기울이는 것이 사실이다. 그러나 소리의 요소가 한 작품이라는 전체에 능동적으로 참여하는 양상에 각별한 흥미를 갖는 사람들은 주로 형식주의자들이다.

문학의 여러 장르에서 음성적 요소가 특별히 의식적으로 이용되는 장르는 운문이다. 운문에서 사용되는 음성적 요소는 여러 가지이나, 그 중 우선 율격(meter)을 다루는 운율학을 생각하기로 한다.

(1) 운율학(metrics)

이것은 대단히 역사가 깊은 학문이다. 시의 운율적 요소에는 비교적 규칙성이 인지되므로 예로부터 이에 주의하여 온 것이다. 그러나 운율학이 특별히 문학적으로 연구되었다기보다는 작시법 내지 수사법이라는 실용적 목적에서 추구된 것이 사실이다. 이른바 운율법칙이란 것이 거의 절대적인 권위를 가진 규범이 되고, 이 법칙은 습작자에게 강요되다시피 했다. 현대에 이르러, 운율은 엄격한 규칙의 준수에서 이루어지는 것이 아니라—즉 기계적 단순성을 갖고 있는 것이 아니라—한 작품의 주어진 여건에 따라 상대적인 성격을 띤다는 의견이 받아들여지고 있다. 운율은 결코 단순치 않은 물건이다. 영국 시인 알렉산더 포프는 「소리는 의미의 반향처럼 되어야 한다」고 주장하였는바,3) 운율은 그 자체로서의 독자성을 가지고 있는 것이 아니라 의미와 결합될 때, 즉 의미에 참여할 때 그 본래의 기능을 십분 발휘하게 되는 것이다. 따라서 수사학이나 작시법이 아닌 비평으로서의 운율학의 개념 수립이 중요하다.

운율은 동서양을 막론하고 어느 국어의 시에도 다 나타나는 음성 및 의미 배열의 양식인바, 그 근본 원칙은 각 국어의 특성에 따라 다르나, 대체로 음절수, 음의 강약, 음의 장단, 위의 것의 혼합 형태 등 네 개의 기본 율격이 있다. 우리 나라 시는 음절의 수를 율격의 원칙으로 삼고 있다. 고대 게르만 계통의 시는 음의 강약으로 율격의 근본을 삼았었다. 즉 1행의 시귀에 일정 수의 강세 모음이 들어가고 약세 모음의 수는 일정치 않았던 것이다. 혼합형태는 실상 강약 형식의 변형이라 볼 수 있는 것으로써, 1행의 시귀에 일정 수의 강세 모음과 또한 일정 수의 약세 모음이 들어가서 결국 매 행의 음절수는 일정하게 된다. 근대 영시는 그 좋은 예이고, 중국의 오언시, 칠언시는 이 원칙을 가장 치밀히 따르는 좋은 예이다. 음의 장단 (quantity)은 고대 희랍, 로마, 산스크리트 시에서 굉장히 정교하게 사용되었었다. 현대 로만스 언어 계통의 율격도 주로 음의 장단을 단위로 하여 음절 수를 고르게 하는 방식을 취하고 있다.

위에서 언급하였지만, 한 언어에 있어서 의미와 음성의 결합 양식의 특징과 운율과는 불가분의 관계를 가지고 있다. 우리말

---

3) Alexander Pope, *Essay on Criticism,* 365행.

은 어간에 어미를 결합하여 문법적 관계를 나타내고, 그러한 단위가 대략 둘이 모이면 한 문장을 이룬다(「아가씨가 웃네요」). 또 어간과 어미(또는 토씨)가 합하면 대개 2음절 이상 4음절이 되기 마련이다. 우리 시가 대개 3·3조, 4·4조의 기본 운율을 가지는 소이가 여기에 있다고 볼 수 있다. 즉, 3·3조, 4·4조는 우리말이 영탄적으로 사용될 때 가장 자연스럽게 생성되는 음성+의미의 패턴인 것이다.

한국 시가를 논함에 있어서, 운율에 관해서는「이시는 정형시다, 시조다. 자유시다, 산문시다.」등의 가장 피상적 관찰에서 그치고 마는 일이 허다한 것은 우리 나름의 현대적 운율학이 확립되지 않은 까닭이라고 생각된다. 현 단계에서는 관심을 가진 사람이면 누구나 한국시 운율학의 시안을 마련해 봄직도 하다.

한국시는 3·3조 또는 4·4조가 기본 율격이지만 5음절이 한 단위가 되는 경우도 허다하다. 그러니까 한국 시는 3, 4, 5음절이 기본 운율의 최소 단위를 이룬다고 볼 수 있다. 3, 4, 5음절은 간혹 더욱 세분되는 경우도 있다. 즉 3=2+1(또는 1+2), 4=2+2, 5=2+3(또는 3+2)등으로 보다 미세한 단위로 세분할 수도 있는 것이다. 요즘도 자주 쓰이는 7·5조는 실상은 3+4(=2+2), 2+3임을 볼 수 있다.

「海東六龍이 ᄂᆞᄅᆞ샤 일마다 天福이시니, 古聖이 同符ᄒᆞ시니.」

이는 한글 최초의 의식적 창작 시로서 제목이 암시하듯 확실히 노래로 부를 수 있도록 지어졌던 것인 즉, 분명 그 운율적 효과에 주의하여 창작되었을 것이다. 이 시의 율격이 밝혀지면 적어도 이조 시가의 운율법칙을 추정하는 데 크게 도움이 될 것이다.

제 2 장 형식주의 비평의 방법   53

　현대의 자유시도 우리말의 기본 율격과 아무런 관계가 없이 리듬을 형성하는 것은 아니다. 소위 <내재율>이라는 것도 실상은 외재율과 관계가 없다면 존재할 수 없는 물건이다. 일반적으로 리듬이라는 것은 모호하게나마 어떠한 반복적 요소가 있을 때에 생긴다.

　　「내 너를 찾아 왔다. 순아, 너 참 내 앞에 많이 있구나.」
　　　　　　　　　　　　　　　　　　(서정주, <부활>)

는 잘 알려진 자유시의 일절이나,

　　「내 너를 | 찾아 왔다. | 순아 ∥
　　　너 참 | 내 앞에 | 많이 있구나. ∥」

로 운문답게 읽을 수 있다. 이 시, 산문 아닌 운문을 덤덤하니 산문 읽듯 해선 대접을 제대로 하는 것이 못된다. <순아>와 <너 참>의 의미의 강조로 말미암아 음가의 보완을 받는 단위들이다. <순아>는 2음절이나 위치상, 또 의미상 5음절 음가(<많이 있구나>와 맞먹도록)를 가졌다고 볼 수 있다. <순아>는 길게 늘여 부르는 소리이다. <너 참>은 2음절이나 <너어 참>으로 3음절의 음가를 갖는다. 즉, 위에 인용한 시귀는 3·3·5조의 두 번 반복으로 볼 수 있는 것이다.
　다음의 경우를 보자.

　　「나는 서울 남산에 있는 국제방송국 <아름다운 내강산> 프로의 녹음할 일로 한 시쯤 집에서 나와 ㉙상도동↔동대문 급행 버스를 탔다.」
　　　　　　　　　　　　　　　　　　(이상로, 무명유명)

　이 글은 한국 대표 시인들의 작품집에 들어 있으니 일단 시라고 보아야 할 것이나, 영탄, 가락, 노래, 즉 리듬이 들어갈 자리가 전혀 없다. 완전한 산문이고, 운문이 아니다. 따라서 시라고 할 수 없다.

산문시와 산문은 리듬의 패턴이 있느냐 없느냐로 우선 구분된다. 산문시와 자유시의 구분도 어렵지 않다. 산문시는 외형상 우선 산문이다. 즉 자유시에서처럼 행 단위의 진행을 갖지 않는다. 자유시에서의 행의 취급은 그야말로 자유가 아니다. 자유시의 한 행은 리듬과 의미의 엄연한 한 단위인 것이다. 산문시는 리듬이 있되 행 단위의 진행을 갖지 않는다. 산문시와 자유시는 이렇게 큰 차이가 있다. 동일한 것으로 볼 수 없다. 위에 인용한 글은 산문시의 리듬도 없고 물론 행 단위의 진행도 없으니 완전히 그냥 산문인 셈이다. 따라서 <한국시선집>에 잘못 들어갔다.[4]

「봄은 바람 속에 있었다.
아이가 돌려놓은 팽이의 주축에서
한참
머,
물,
다,
가,
눈동자에
쏙
들어간다.
아이는 웃었다.」(임진수, <눈속에 들어간 봄>)

소위 자유시이다. 한 자 짜리 행까지 포함하여 행의 배열은

---

[4] 한국신시 60년 기념사업회편 <한국 시선>(서울, 일조각, 1968년), 340면에 수록되었음.

제 2 장 형식주의 비평의 방법   55

의미와 리듬의 의도적 전달을 위해 위의 꼴이 되어 있다(효과적이냐 비효과적이냐는 별개 문제이다). 산문시에서는 위와 같은 행의 배열에 관심이 없다. 원고지의 크기나 조판 과정에 따를 뿐이다. 외형상 행의 배열이 있는 자유시라도 의미와 리듬의 단위가 행과는 전혀 관계가 없을 때에는 산문시라 할 수 있다. 예리한 비평적 관찰이 이 경우에 요구된다.

　리듬은 전적으로 의미구조의 부속적인 것은 아니다. 리듬을 살리기 위하여 구문 자체를 변형시키는 경우는 허다하다.

　　　「산에는 꽃 지네
　　　　꽃이 지네.
　　　　갈봄 여름 없이
　　　　꽃이 지네.」

에서 왜 <갈봄>이라 했을까? 네 철의 자연적 순서를 따른다면—의미상 그렇게 하지 아니할 이유는 없다—<봄 갈>, 아니 <봄, 가을>이라 했어야 할 것이다. 김소월 자신의 기벽에서 그렇게 쓴 것이라는 해석은 있을 수 없다. 왜 그런고 하니 그는 다른 작품에서는,

　　　　　　・ ・ ・
　　　「봄 가을 없이 밤마다 돌던 달도,
　　　　<예전엔 미처 몰랐어요>」

라고 제대로 쓰고 있는 까닭이다. <갈봄>은 리듬 및 기타 음악적 효과를 위하여 일반 언어에다 횡포를 가한 것이다. <산유화>의 기본 리듬은 3·3·2·2인바, <갈봄>과 <여름 없이>는 각각 2, 4음절이나, 둘 다 3음절의 음량을 가질 리듬상의 위치에 있다. <갈>은 <가을>의 준말로 <봄>과 마찬가지로 1음절이나 음가는 2음절에 해당된다. 즉 <갈>에 강세와 더불어

길이가 온다. 그렇다면 왜 <가을 봄>이 안 되고 <갈 봄>이 되었는가? 첫째로, 3·3조의 단조를 그행에서 현저히 깨뜨리는 효과를 내기 위해서이다. 2음절 14음절로써 3·3조의 리듬에 변조를 가하고 있는 것이다. 둘째로, <가을>이라고 쓰면 <가>에 올 강세가 <을>에도 분배됨으로써 자연히 약화되는 것을 방지하기 위해서이다. 이밖에도 미시적인 이유가 있을 것이나 더 깊이 들어갈 필요는 없다.

우리는 리듬이 의미에 철저하게 복속적이라는 통념을 고쳐야 할 것이다.

3·3조이니, 4·4조이니 하는 율격의 해독 방법은 실상 쉽지 않다. 잘된 시에서 율격은 기계적일 수 없는 까닭이다. 율격을 제약으로 여기지 않고 예술적 효과의 방법으로, 의미 구현의 수단으로 이용할 때 그것이야말로 제 구실을 하는 시적 요소이다. 율격을 관찰하는 비평가는 한 시인이 그의 작품에서 과연 율격을 불합리한, 그러나 따라야 하는 억지 춘향식 제약으로 여기고 있는가 또는 효과를 위한 전통적 방법으로 이용하고 있는가를 주시해야 할 것이다. 아마츄어들의 교양으로서의 정형시 작품은 거의 다 불합리한 제약 속에 글자수를 두드려 맞추어 넣은 물건들이다.

「형님 온다 형님 온다.
　분고개로 형님 온다.
　형님 마중 누가 갈까?
　형님 동생 내가 가지,
　형님 형님, 사촌 형님……」

이 정확한 4·4조의 귀 따가운 단조로움은 그 타령조의 희극성에 플러스가 되는 요소라 참아낼 수가 있으나, 여하튼 미리 정해진 틀 속에 네 글자가 들어갈 공란을 적당히 손에 잡히는 네 글자로 메꾸어 나간 꼴이다. 이름난 시인의 작품에 이런 것이 엿보일 때 우리는 참을 수 없다.

「흘러가는 시내의 | 물에 흘러서 ‖
 내어 던진 풀잎은 | 옅게 떠갈 때 ‖」(김소월, 풀따기)

정확한 7·5조이다. 확실히 7개의 공란과 5개의 공란을 메꾸기 위한 궁여지책으로 <흘러>를 의미상의 필연성이 없이 두 번이나 썼고 (<흘러가는>, <흘러서>), <시냇물>이 <시내의 물>이 되었다. 여기서는 <봄, 가을>이 <갈봄>이 되었던 예술적 필연성이 없이 그런 서투른 표현이 꾸며진 것이다. 더욱이 <의>라는 접속 토씨를 한 리듬의 단원의 끝에다 두어 그 뒤에 자연히 오게 마련인 휴지부(pause)가 따르게 한 것은 서투른 조작이다. <시냇물>이 <시내의 물>로, 다시 리듬 관계상 <시내의 | 물>로 억지가 강요되고 있다. 대체로 정형시에 반발하는 사람들은 그와 같은 억지에 반발하는 것이라고 생각된다.

정송강은 리듬의 통제에 있어 경탄할 만큼 능란한 솜씨를 보인다.

「이 몸 | 삼기실 제, | 님을 좇아 | 삼기시니, | 」

4·4조의 가사 <사미인곡>은 2음절, 4음절로 시작되는 파격을 범하고 있다. 즉 <이 몸>은 4음절이 들어갈 공란에 들어앉아 4음절이 할 몫을 다 해내고 있다. <형님 온다>식으로 글자수를 꼭 맞추어야 한다는 제약적 관점에서가 아니라. 리듬 단위의 <흥겨운> 기분에서 읊어진 것이다.

따라서 <몸>에 큰 음가가 주어진다. 대개의 4·4조의 경우처럼 강세가 첫 음절에 오지 않고 끝 음절에 오게 하여 처음부터 우리 귀를 자극한다. 음악에서 말하는 소위 신코페이션

(syncopation)의 효과이다. 더욱이 몸, 삼, 님, 삼 등 ㅁ끝소리를 가진 음절에 강세가 와서 그들이 서로 의미상으로 긴밀히 연결되게 하고 있다. 언뜻 보기에는 좀 거치른 듯한 정송강의 시조들도 시조 리듬의 고정화를 깨뜨린 통쾌미를 갖고 있으나 여기에서는 논의하지 않는다.

율격의 표시 방법에 관해서도 마땅히 생각할 것이 있다. 유럽에서 예전부터 많이 사용하던 방법은 강약 또는 장단을 /∪ 또는 -∪로 표시하고 율격의 최소 단위를 │로 구분하고 쉴곳 (caesura 또는 pause)은 ‖로 표시하는 것이었다. 음의 장단을 율격의 기본 요소로 삼은 로마 시의 예를 들면, 소위 <아스클레피아데아>(asclepiadea)식 율격은

-- │ -∪∪- ‖ -∪∪- │ ∪ ᴗ̆
Mae-ce-nas a tavis edite re-gibus[5]

로 표시되었다. 근대 유럽에서는 이러한 정교한 시의 율격은 없어지고 대체로

∪ / ∪ / ∪ / ∪ / ∪ /
so all │ day long │ the noise │ of bat │ tle rolled ‖

와 같이 단순한 패턴을 이룬다. 중국 시의 평칙법이 정교하다는 것을 우리는 잘 알고 있다. 예컨대, 오언절구정격(五言絶句 正格, 仄起)은

「仄仄平平仄　　　　　●●○○●
　平(또는仄)平平(仄)仄平　○○●○●
　平(또는仄)平平仄仄　　　○○○●●

---

[5] Sir Paul Harvey, *The Oxford Companion to Classical Literature* (Oxford, 1940), 271면에서 옮김.

平(仄)仄仄平平　　　　●●●○○」

로 표시된다.6)

　유독 우리시는 운율을 기술할 방식이 통용되고 있지 않다. 우리말은 강약 또는 장단의 기복이 확실치 않기 때문에 유럽식 또는 중국식 방법은 따를 수 없다. 그런데 미국의 시드니 르니어(Sidney Lanier)가 본격적으로 시험 개발한 악보의 리듬 표기 방법은, 우리 시가 음절수 단위의 리듬을 따른다는 사실을 감안할 때 응용할 수 있지 않을까 한다. 최소한 시험은 할 필요가 있다.
<정읍사>는

　　달 아 │높 이 곰 │돋 으 샤 │
　　♪ ♩ │♪ ♪ ♩ │♪ ♪ ♩

　　어 기 야 │ 멀 리 곰 │ 비 치 오 시 │ 라 ‖
　　♪ ♪ ♩ │ ♩ ♪ ♪ │ ♪ ♪ ♪ ♪ │ ♩}

　즉 4분의 2박자로 대강 읽어 낼 수 있는 율격이다. 또는 8분4박자라고 해도 좋다. 즉 4·4조는 8분의 4박자(=4분의 2)인바, 위의 <정읍사>의 3·3조가 4·4조의 변형임이 실증되고 있다.

　　「청 노 루 │ 맑 은 눈 에 │ 도 는 │ 구 름 ‖」
　　♩ ♪ ♪ │ ♪ ♪ ♪ ♪ │ ♩ ♩ │ ♪ ♩ ㄱ

　이 7·5조 역시 8분의 4박자, 즉 4·4조의 변형이다. 우리 시의 기본 율격이 4·4조임은 이로써 확실하다. ♪♪♪♪│♪♪♪♪가 4·4조의 기본 패턴이라면 이에 약간의 변화가 있는 것은 모두 그 기본 리듬의 변조(variation)인 것이다.

---

6) 권상로, 장도빈편<고사성어사전>(학원사, 1961), 1119면.

음악 보표에 의한 표기법은 운문의 율격의 최소 단위들이 음악의 소절들처럼 음량이 정확히 일정하다고 전제하는 까닭에 무리가 있긴 하다. 그러나 그러한 기계적 방법을 사용하여서라도 우리 시의 기본 율격의 패턴을 기술해 보고, 또한 한 시인이 우리의 기본 패턴을 얼마나 창의적으로 변조하고 있는가를 실증하는 시도가 있어야 할 것이다. 한 시작품이 자유시라면 우리 시의 기본 율격에서 얼마만큼이나 자유롭고, 그것이 정형시라면 얼마만큼이나 규칙적인지를 밝히는 방법으로써 음악 보표가 아니더라도 어떤 공통적인 표기법이 있어야 할 것은 두말할 필요도 없다. 우리 현대시는 대개 벙어리의 시인바, 그것은 주로 우리 시를 제대로 읽는 방법이 개발되지 않은 까닭이다. 또한 그 때문에 많은 시인들이 소리의 면과는 담을 쌓은 채 썼기 때문에 많은 벙어리 시가 생긴 것은 사실이며 많은 독자는 귀머거리가 된 것도 사실이다. 유럽이나 중국에서 율격의 문제가 태고적부터 아주 중요한 위치를 차지했던 사실에 반하여 우리는 사실 너무도 거기에 소홀했다.

(2) 음운 배열론(phonotactics)

다음으로 생각할 문제는 <소리의 결>(sound texture)이다. 이에 관해서는 더욱 연구가 미미한 형편이다. 역시 비평적 고찰이 소홀해서는 안 될 문제이다. 의미 전달을 위한 우연한 매개물인 소리를 우연이 아닌양 의미를 보완 또는 방해하는 요소로 역이용하는 것이 소리의 결이다.

의미와 관계없이 단지 소리만으로 음악적 효과를 내는 시는 있을 수 없다는 것은 자명한 사실이다. 흐름소리(liquid sound)가 연이어 있다고 해서 저절로 <흐름>의 의미를 암시하는 리듬을 형성하지 못한다. 「얄리 얄리 얄라셩 얄라리 얄라」는 ㄹ소리를 기본으로 해서 반복적 요소가 확연한 일절이나, 전혀 아무런 의미도 암시하지 못한다. 그러나 이것이 <청산별곡>이라는 의미 예술인 시작품의 일부를 형성할 때, 의미의 보완 내지 의미에서의 암시를 주는 듯하다. 가위, <소리가 의미의 반향처럼 들린다> 이렇듯 의미의 반향처럼 소리의 효과를 이용하기 위하여 여러 소리의 결을 엮어 짜놓는 것을 오케스트레이션(orchestration)이라고 하기도 하고, 최신의 술어를 사용하자면 음운배열(phonotactics)이라고도 한다.
 소리의 예술적 배열에는 웰렉과 와른이 지적한 바와 같이 두 가지가 있을 수 있다. 첫째로 소리의 반복으로 생기는 일정한 패턴, 둘째로 소리에 의한 모방이다.7)
 반복적 패턴의 가장 평범한 양식은 단순한 연속이다.

  「가다 보니 가닥나무, 오다 보니 오동나무」

와 같은 비교적 유치한 민요에서도 <가다>와 <오다>의 음성적 반복을 음악적으로 이용하고 있다. <보니>와 <나무>도 일정한 위치에서 반복된다. 어떻게 보면 <오동>의 <동>만 약간 변조되어 있다. 이 민요시인은 <오당나무>란 명칭만 있었다면 영락없이 갖다 붙였을 것이다. 이처럼 소리의 반복이 규칙적으로 연속될 때, 단조감이 안 생길 리 없다.

  「나비야 청산 가자 범나비 너도 가자.」

의 경우도 완전히 같은 요소(나비, 가자)가 반복되고 있다. 단순한 형태이다. 그러나, 청산, 범, 너도 등 음성적으로 이질적인 요소들이 들어 있어 단조로움이 가신다(물론 그로 말미암은 의미의 폭도 더할 나위 없이 넓어진다).

  「푸르른 하늘은

---

7) Wellek and Warren, 147면.

아른아른 높기도 한데」 (윤동주, <봄>)

의 반복적 요소를 보다 잘 알아볼 수 있도록 철자를 풀어본다.

「ㅍㅜㄹㅡㄹㅡㄴㅎㅏㄴㅡㄹㅡㄴㅏㄹㅡㄴㅏㄹㅡㄴㄴㅗㅍㄱ
ㅣㄷㅗㅎㅏㄴㄷㅔ」

위에서 가장 많이 사용된 소리는 ㄴ(7번), 다음은 ㅡ(6번), 그 다음은 ㄹ(5번), 그 다음은 ㅏ(4번)이다. 나머지 ㅍ, ㅎ, ㅗ, ㄷ은 각 2번씩, ㅜ, ㄱ, ㄷ, ㅣ, ㅓ는 각각 한 번씩만 씌었다. 그러니까 모두 14가지 소리가 34회에 걸쳐 사용된 중에서 ㄴ, ㅣ, ㄹ, ㅏ의 네 소리가 합하여 22회에 사용되었다. 수치로 표시하면 사용된 전체 소리의 종류(14종)의 28%에 달하는 4종류의 소리가 전체 사용회수(34회)의 65%(22회)를 점하고 있으니, 그 네 소리의 반복은 귀따가울 정도이다.

또 다른 예를 보자.

「인제는 돌아와 거울 앞에 선,
내 누님같이 생긴 꽃이여」 (서정주, <국화 옆에서>)

「ㅣㄴㅈㅔㄴㅡㄴㄷㅗㄹㅏㅘㄱㅓㅜㄹㅏㅍㅔㅅㅓㄴㄴㅐㄴㅜ
ㄴㅣㅁㄱㅏㅌㅣㅅㅐㅇㄱㅣㄴㄲㅗㅊㅣㅕ」

여기서는 모두 44회에 걸쳐 모두 22개의 소리가 사용되어 있는데, 이 중 ㄴ이 8회, ㅣ가 8회 거듭 쓰이고, 나머지는 모두 2회 이하만 쓰였다. 즉 ㄴ과 ㅣ, 특히 ㄴ한 소리(22개의 소리의 4%에 해당)가 8회에 걸쳐 사용되어 그다지 유별나게 들리지 않으면서도 전체의 소리의 짜임에 주조를 이루고 있다. 우리는

제 2 장 형식주의 비평의 방법 63

위의 시귀를 즐겨 외는바 그 리듬과 이미지, 감정에 매력을 느끼는 것은 구태여 설명하지 않아도 될 정도이나, ㄴ소리의 음악적 분위기는 별로 눈치채지 못하고 있다. ㄴ밖에도 <인제는>과 <선>의 두 낱말이 <돌아와, 거울>을 사이에 두고 갈라져 있어 일종의 대칭을 이루고 그 대칭의 축인 <돌>과 <거울→걸>은 ㄹ소리로 뭉치어 있다. 즉 ㄹ소리를 가운데 두고 ㄴ소리들이 마주 보고 있는 구조이다.

동일한 소리의 빈도, 간격, 동일계의 소리들의 반복, 반대되는 음절의 적절한 배열 등 세밀히 분석하려면 한이 없을 것이다. 그러나 이와 같은 점들이 다 <음운배열론>의 관심사가 되는 것이다.

우리시는 끝운(押韻, rhyme)을 이용하지 않는다. 운 역시 반복적 요소임에 틀림없다. 그러나 우리 시에서 무시 못할, 그러면서도 늘 무시되는 요소는 머리운(頭韻, alliteration)이다. 머리운은 소리의 반복 현상 중에서 리듬의 강세가 오는 음절의 첫소리가 반복되는 현상을 이른다. 옛 시조에서 머리운의 효과를 낸 귀절을 많이 찾아볼 수 있다.

「청석정 지나거나 초하귀 어디메오」 (효종)
「우는 것이 벅구기가, 푸른 것이 버들숲가?」 (윤선도)

<청>과 <초>, <벽>과 <버>는 각각 서로 머리운이 마주쳐 의미상의 대구를 이루는 데 도움이 된다. 청석정과 초하귀는 둘 다 지명으로, 그들의 의미적 연결이 ㅊ(치읓) 소리 머리운으로 강조된다. <벅구기>와 <버들숲>도 같은 일을 하고 있다.[8] 그러나 지나치게 일정한 위치에 놓인 머리운은 단조감의 역효과를

---

8) 윤선도의 이 시조를 현대 철자법으로 고쳐 쓸 때 <벅구기>를 <뻐꾸기>로 고쳐서는 안 되겠다. 윤선도는 확실히 <벅>과 <버>의 소리를 맞추려는 의도를 갖고 있었던 것이다.

낳는다. 앞서 인용한 <가다 보니 가닥나무>가 그런 예이다.

「백구야 말 물어보자 놀라지 마라스라.
 명구승지를 어디어디 벌였더니?
 날더러 자세히 일러든 네와 게 가 놀리라.」(김천택)

에서는 확실히 초장에서는 ㅁ, 종장에서는 ㄴ이 머리운의 역할을 하고 있다. 그 밖에 ㄹ은 머리운의 위치에 있지 않으나 ㅁ, ㄴ과 결합하여 반복적 효과를 나타낸다. 중장은 단조를 피하기 위한 일종의 소리의 완충지대이다.

「숲향기 숨길을 가로 막았소,
 발끝에 구슬이 깨이어지고,
 달따라 들길을 걸어다니다
 하룻밤 여름을 새워버렸소」(김영랑, <사행시>)

제1행의 <숲>과 <숨>, 3행의 <달>과 <들>은 놓칠 수 없는 머리운이다(전체를 통하여 ㄹ이 주음조를 이루고 있는 것도 눈에 띈다).
우리 시에서 눈에 잘 안 띄게 쓰인 머리운은 수식어와 명사의 연쇄구조에서 잘 발견된다. 예컨데,

① 「거울처럼
    그리운 사람아」(김경린, <태양이 직각으로 떨어지는 서울>)
② 「고운 강물이 흐르듯
    학이 날은다.」(서정주, <학>)
③ 「영변에 약산 진달래꽃」(김소월, <진달래 꽃>)
④ 「사나이 속이라 잊으련만」(김소월, <산>)
①, ②의 경우에는 ㄱ소리(ㄹ은 반복음), ③의 경우, ㅕ와 ㅑ

는 모음끼리의 머리운이다. 일반적으로 모음들은 서로 머리운을 형성할 수 있다. ④의 경우는 ㅅ이 머리운이다.

(3) 소리의 표현적 사용

다음 고찰할 것은 소리 흉내, 소리에 의한 암시 등 소리의 표현력이다. 우리말은 소리 흉내, 몸짓 흉내가 풍부한 것으로 알려져 있다.

「처얼썩 처얼썩 쏴아아」(최남선, <해에게서 소년에게>)

와 같은 소리 흉내(onomatopoeia)는 가장 원시적 형태로, <찌르릉 찌르릉 비켜나세요>와 더불어 동요에서 주로 쓰인다. 그러나 물론 문맥상에서 어떤 목적으로 쓰였는가에 따라 그 적절성이 판별된다.

「훨훨훨 깃을 치는 청산……」(박두진, <해>)

의 「훨훨훨」은 주로 몸짓의 흉내이나 소리 흉내도 얼마쯤 겸한다.

「내 고장 전설이 주절이주절이 열리고
　먼데 하늘이 알알이 박혀」(이육사, <청포도>)

에서 <주절이주절이>와 <알알이>는 상태의 흉내이다. 이렇듯 같은 소리의 반복에 의한 흉내 말고,

「멀리에서 삐걱거리며
　종전차는 간다」(이형기, <종전차>)

와 같이 부사보다 동사와 형용사에 의한 흉내가 현대시에 많이 쓰이는 경향이다. 위에서 언급하였지만, 부사 소리 흉내는 자칫하면 동요적 또는 희화적으로 되어 버리고 또는 너무나도 명백한 표현인 까닭에 안가하게 이용될 위험이 있다.

우리말의 음운들 중에는 어떤 환경하에서는 막연하게나마 어떤 의미를 암시하는 특질을 가진 것들이 있다. 위에서도 보았거니와 어떤 특수한 환경(문맥)하에서는 ㄹ소리는 물의 흐름을 암시한다든가, ㅊ, ㅌ, ㅋ, ㅍ 등 파찰, 파열음들은 거치른 행동 또는 상태를 암시한다든가 하는 따위 말이다.

「60미리 박격포탄, 80미리 박격포탄
 이름도 모를 포탄들의 파편과 불발탄
 뒤덮인 탄착점과 어질어진 철조망」 (민재식, <속죄양Ⅱ>)

ㅍ, ㅌ, ㅊ 등의 소리가 확실히 폭발적 의미를 암시한다.

위에서 말의 소리가 시라는 의미 예술에 이용되는 여러 면을 일별하였다. 우리말은 소리에 있어 매우 다양하지만 그 자원을 예술적으로 충분히 이용하는 전통은 미미한 듯하다. 운율학, 소리상징 등에 관한 연구가 미진한 것도 실은 그 이유가 아닐까? 최근에 이르러 우리는 우리 시의 음악보다도 회화성을 더 중시하여 논의하는 듯한 인상인데, 한국 현대시는 운율학적 취급이 불가능한가, 또는 운율학적 취급을 할 만한 가치가 없는가? 깊이 반성할 문제이다.

2. 시의 말씨(diction)와 문제

　문학작품에서 소리는 의미 단원인 낱말과 문장의 청각적 상징이다. 모든 작품은 소리의 연장일 뿐 아니라, 오늘날과 같이 개개 독자의 묵독의 시대에 있어서는 오히려 낱말들의 연속이라고 할 수 있다.
　말의 문학적 사용과 비문학적 사용에는 차이가 있다. 작가들이 관습상 창작품에서 주로 사용하는 어휘를 시어 또는 문어라 한다. 그러나 시어 또는 문어가 고정된 어휘를 형성하고 있다는 생각은 낡은 생각이다. 그런 것이 고정되어 있다면 그것만 터득하면 문학적 문장을 저절로 만들어 낼 수가 있다는 결론이 생긴다.
　학문뿐 아니라 문학에도 그런 왕도는 없다. 그런데도 불구하고 시어라는 것이 유행을 하고, 그것을 흉내 내어 작품을 만들어 보려는 미몽을 갖는 이가 없지 않다.
　작품의 언어만에 주의하는 비평가는 그 사용된 언어가 고정된 시어를 공식처럼 받아들여 가지고 다시 배열한 데 지나지 않는가 유의한다. 어느 의미에서는 문학사의 변천은 오랜 관습적 사용으로 말미암아 굳어버린 관용구로서의 문어를 그대로 답습하는 행위와 그것을 타파하고 비문학적이라는 편견을 받아 온 어휘를 표현 수단으로 개발하는 행위의 서로 엇바뀜에서 이루어진다고 할 수 있다. 일단 종래의 비문학적 어휘가 문학적 표현으로 성공하였을 때에는 2, 3급의 모방자들이 그것을 습관화하여 소위 문어로 굳혀버리는 것이다.
　언어는 사회생활의 필수물이다. 문학적 창조를 위해서만 존재하는 물건은 아니다. 그것은 손가락이 피아노를 치기 위해서 존재하지 않음과 같다. 원래 언어는 그 정상적 상태대로는 비문학적이다. 언어가 문학적이 되는 것은 손가락이 특수한 목적을 위한 특수한 훈련을 통해 특수한 기능을 습득하게 되는 것과 마찬가지로 말의 특수한 사용에 의한다. 비평가들은 말의 특수한, 즉 문학적 사용에 관심을 갖는다.

말의 문학적 사용은 흔한 말로 함축적 사용(connotation)이다. 하나의 메시지를 전하기 위한 것을 표시적 사용(denotation)이라 하거니와, 문학적 사용은 그런 표시적(또는 표기적) 언어를 주로 사용하진 않는다. <달>이라는 말의 함축적 의미는 복잡하다. 그 소리는 물론 그 글자 모양까지도 그 말의 함축성에 한몫 든다. 다른 말로는 대치가 되지 않는다. 그러나 주로 말의 표시적 사용에 의지하는 과학적 진술에서 <달>은 과학사전에 정의된 의미에 대한 우연한 기호(또는 표시)에 지나지 않는다.

따라서 <달>을 <月>이라, <moon>이라, <luna>라 고쳐 불러도 그 전하고자 하는 메시지는 조금도 변함이 없이 전달된다. 문학에서는 <달>과 <moon>은 매우 다르다.

습관상 함축적이라고 느껴지는 낱말 또는 표현이 있는 듯하나, 창작가는 필요에 따라 어떠한 말이든지 함축적으로 사용하려고 한다. 비평가는 함축적으로 의도된 말의 함축의 정도를 측정하고 그 함축이 그 문맥에서 적절히 주어진 것인가를 따져야 할 것이다. 올바른 함축적 기능은 문맥이라는 상황 속에서만 발휘되는 까닭이다.

<정읍사>의 달과 <오우가>(五友歌)의 달과 <예전엔 미쳐 몰랐어요>의 달의 의미들의 농도, 즉 함축의 정도를 비교하면 흥미있는 문제가 될 것이다.

말의 함축적 사용을 위하여 작가는 특수 어휘를 사용하기도 한다. 만든말, 옛말, 사투리, 드문 말, 숨은 말 등은 자주 보이는 현상들이다. 이들은 그 예기치 않은 출현에 의하여 독자의 시선을 그들 자체에게로 끌어들이는 역할을 한다(함축적인 말

제 2 장 형식주의 비평의 방법 69

이 기호와 특히 다른 점이 바로 그처럼 그 자체에다 시선을 집중시키는 흡인력이다). 그러나 그들이 사용되기 위하여서는 적절한 환경, 즉 문맥이 주어져야 함은 물론이다(문맥이 지나치게 명백하면 함축성이 도리어 줄어들 위험이 있을 수도 있다).

「이 가람과 저 가람이 모두 치흘러,
　그 무엇을 뜻하는고?」(김소월, <실제(失題)>)

<가람>은 <강>의 옛 말이다. <치흐르다>는 사투리 아니면 만든 말인데, 확실한 의미는 추정하는 수밖에 없다.9) <하는고?>는 옛 말투이다. 이렇게 옛말, 만든 말을 갖다 쓰면서도 작가 김소월은 고풍한 의미를 살리려는 의도에서 이 시를 쓴 것은 아니었다. 나머지를 읽어보면 그 문맥이 옛말을 요구하는 성질의 것이 아님을 알 수 있다. 그러나 김소월은 다른 경우에는 적절히 말을 만들 줄 알았다.

「누나라고 불러보며
　오오 불설워」<접동새>

에서 <불설워>는 만든 말임에 틀림없다. <불>은 전혀 꾸며낸 접두어이다. 그 앞 줄의 <불러보며>와 머리운이 맞는 까닭에 우선 의미가 있는 듯한 인상을 준다. 또 불은 타오름, 뜨거움, 붉은 빛을 연상시키고 아주 멀리는 <섧다>와 연결되어 <불쌍하다>의 <불>자와도 연관이 있는 듯도 하다. 그러나 무엇보다도 강조적 의미가 있는 접두어로서의 <불>—예컨데 <불망난이

---

9) <치흐르다>의 <치>는 <치켜 올리다>, <치켜 뜨다>의 <치>를 접두사로 사용한 것인 듯하다. 즉 <거꾸로>, <위로>의 의미가 있는 듯하다. <치흐르다>는 그러니까 <거꾸로 흐르다>(?)

>―과 직접적 연관이 있다. 이렇게 따지고 볼 때 <불설워>는 아주 함축성이 있는 적절한 표현인 듯하나 실은 만들어낸 말이다.

낱말들이 언어 사회의 관습에 따라 일정한 순서로 배열되면 문장이 된다. 그런 관습을 문법이라 하거니와 작가는 많은 경우에 있어 이 관습을 불편한 제약으로 느끼기도 한다. 때로는 자기가 가진 의미를 완전히 표현하기 위하여서는 낱말의 상식적 또는 정상적 배열은 부적당할 수도 있다.

작가들은 이 사회의 관습이 허용하는 범위를 최대한도로 넓게 이용하려고 한다. 그것이 지나치다는 사회로부터의 비난을 받을 것도 각오한다. 그러나 그 관습을 완전히 무시하면 작가의 사회적 행위인 의미의 전달은 전혀 불가능하게 된다. 비평가는 한 작가가 언어 관습의 허용 범위를 얼마나 넓게 잡고 있는가를 판단하게 된다. 허용 범위를 넘어섰다든지 그렇지 않다든지 하는 판단은 의미예술에 대한 예리한 식견이 없이는 안 될 것이다.

작가가 만들어 내는 문장을 합리적으로 분석 비교 논의하기 위해서는 일반 문법에 우선 의거하지 않을 수 없다. 한 문장이 최소한의 의미라도 표현하기 위한 것이라면 일반 문법에 의거하여, 아주 지나친, 또는 좀 지나친 또는 드문, 용례이다 아니다를 밝힐 수 있는 것이다. 비평가도 꺼리고 국어학자도 꺼리는 점이 바로 이것이다. 시 또는 문학적 산문의 문장구문론 (syntax)은 비평가가 일차적 작업으로 거쳐야 할 일이다.

「한으로 따진다면 청승스러울 만치 고요한 어린것의 숨자리는 차라리 떨어져 한줌 소리로 남는 과일의 생성에 비길 것으로 내 이제 숙연히 그 어린 것의 베개맡을 지키지 못하고 미열을 느끼는 것은 이승의 소리로 하여 충만하는 산 것의 무게만큼이나 따사로움에 끝내는 과원을 벗어나지 못하고 한때를 이렇게 허리를 굽혀 떨어진 과일을 쉬 주워들지 못하고 망설이고 있는 것인지도 모른다.」10)

이것은 구문상 한 개의 문장이나, 주부와 술부의 구분이 명확치 않다. 마지막의 마침표 이외에 다른 월점이 없음으로 하여 더욱 문법적 모호성이 높아진다. 전체의 구문을 분석해 보면 두 개의 대등절 「숨자리는…비길 것 [이다] 」와 「미열을 느끼는 것은…망설이고 있는 것인지도 모른다」로 되어 있다. 그 사이에 포화상태로 들어 있는 각 수식구, 종속절들은 어디에 어떻게 연결되는 것인지 모호하다. 이 포화 상태의 모호성이 구문 원칙의 일반적 한계를 넓힌 결과로 의도적으로 생긴 것인지 또는 표현의 부적합에서 오는 것인지는 비평가가 예의 주시할 문제이다.

「전쟁이 머물은 정원에
설레이며 다가드는
불운한 편력의 사람들
그 속에 나의 청춘이 자고
절망이 살던
오 그대 미래의 창부여
너의 욕망은
나의 질투와 발광만이다.」 (박인환, <미래의 창부>)

역시 마침표 이외에 다른 월점은 없으니 외형상 한 개의 문장이다. 그러나 <편력의 사람들>의 문법적 술부는 잠적해 버렸다. 「그 속에서 나의 청춘이 자고/절망이 살던」의 수식절이 난데없이 나타나나, 그 수식을 받을 명사가 없다. 그 나머지

---

10) 박양균, <낙과>, <현대문학> 16권 9집(1970년 9월, 59면).

는 호격(呼格)으로 시작되는 다른 문장이다. 이것은 시인이 자기의 시적 재료(의미, 말, 이미지, 사상 등)를 채 다듬지 못한 데서 오는 혼란과 미완성이 아닐까?

또는 일반 독자의 상식적, 습관적 이해를 거부하기 위한 일종의 방해공작이 아닐까? 이 경우라면 시인은 대담한―만용이라고 할 수 있는―생략법을 사용했다고 할 수 있다. 생략은 일반 구문에서도 많이 사용되는 언어의 경제 방법이나, 물론 의미의 완전한 불통을 초래하지 않는 한도 내에서만 가능하다. 그런데 문학작품에서는 그 한도가 다분히 작가의 의도 여하에 달리게 된다. 그 한도를 객관이 허용하는 것보다 넓게 잡곤 하는 것이다. 생략이 극단적으로 되면,

> 「시집을 안고, 빠 <지중해>의 사표, 거만한 고기선, 과부 구락부, 메가폰, 걸어가는 헌병 Mr. Lewis Poker, 검문소의 <몽코코·크림>……   (조향<어느 날의 메뉴>)」

과 같이 진술 이전의 파편의 무질서한 집합이 된다. 만약「시집을 안고 빠 <지중해>의 사표를 제출하면 거만한 고가선은 과부 구락부를 지난다」로 썼다면 의미는 여하튼 형식상 문장이 될 것이다(더 고약해지지만).11)

시는 어떤 면에서 볼 때 구문 상으로나 의미상으로나 생략적(elliptical)이라 할 수 있다. 함축적이라는 말 자체가 생략의 가능성을 내포한다.12)

---

11) 작자 자신은 이 시에서 depaysement이라 부르는 방식―의미의 완전한 박탈―을 사용하고 있다고 말하고 있다. 조향, <데뻬이즈망의 미학>, <한국 전후 문제시집>(서울, 신구문화사, 1961), 417면.
12) 본인의 <시의 생략적 구조에 대하여>, <인문과학> 9집, (연세대 인문과학 연구소, 1963년 6월), 97~106면 참조.

문학적인 문장에서 우리는 도치법의 예를 자주 본다. 위의 박인환으로부터의 일절은 혹시 도치법의 극단적 사용의 결과로 볼 수도 있을지 모른다. 즉 <절망이 살던>이 수식하는 명사는 몇 줄 앞서 있는 <정원>이랄 수도 있지 않을까? <그 속에>라는 부사 수식어가 그러한 해석을 뒷받침해 준다고 볼 수 있다. <우리는 사랑한다. 우리 조국을>정도의 흔한 도치에 비해, 위의 경우는 지나치게 도치되었다고 할 수 있다. 의미가 있는 도치인가 또는 완전치 못한 취급에서 오는 도치인가?

이 밖에 대구(antithesis), 평행문(parallell), 반복법, 과장법 등 수사학에 관련된 문제는 장황해질 수 있는 분야들이고 또 문예비평의 본령도 아닌 까닭에 여기서 취급을 생략한다.

3. 비유 (metaphor)

의미의 예술로서의 문학의 가장 매력적인 문제는 비유이다. 특히 시에서 쓰이는 말은 모두 비유 또는 비유적이라는, 시 자체가 하나의 비유라는 생각이 요즘 유행한다.

비유는 문학의 전유물은 아니다. 따라서 비유의 원칙은 사회 일반의 어법에 따른다. 비유는 적절한 고유의 낱말이 없던 사실을 칭하기 위해 그 사실과 유추적 관계에 있는 다른 사실(적절한 고유의 낱말이 있는)에서 그 낱말을 빌어다 쓴 것을 말한다. 유추(analogy)는 비유의 기본 원칙이다. <산허리>라는 말은 인체 또는 동물의 가운데 부분 둘레를 허리라 하는 데서 유추되어 생긴 말이다. 유추는 일종의 삼단논법을 거쳐 형성된다.

대전제 : 인체의 가운데 둘레 부분이 허리이다.
소전제 : 산에도 가운데 둘레 부분이 있다(그러나 그 이름이 없다).

결론 : 산의 가운데 둘레 부분은 산의 허리→산허리라 부를 수 있다.

결론을 산의 가운데 둘레 부분을 <허리와도 같다>고 할 수 있다. 이 경우에는 소위 명유(simile)가 된다. <산허리>는 비유로 시작되었으나 이제는 비유로써 생각되지 않는 익은 말이 되어 버렸다. 즉 비유로써는 죽었다. 일상적 낱말이 된 것이다.

비유에 대한 가장 잘 알려진 정의는 다음 스탄포드의 것이다.

「문장에서 하나의 낱말(X)을 다음과 같이 특수하게 사용하는 과정과 결과를 일러 비유라 한다. 그 낱말(X)은 정상적 상황에서는 A라는 대상 또는 개념을 뜻하나, 지금 특수한 문맥에 들어 있어서 B라는 대상 또는 개념을 가리키도록 씌어졌다. A와 B는 성질상 확연히 구별되는 대상 또는 개념이나, 그들이 합하여 하나의 복합적 의미를 이룬 것이 X이다. A와 B는 X속에서 서로 융합하면서도 A요소와 B요소는 각각 개념적 독립성을 유지한다.」[13]

직접 예를 들어본다. 유치환의 <깃발>의 일절「이것은 소리 없는 아우성」에서 <아우성>은 하나의 비유이다. 스탄포드의 정의에 따라 분석해 보면 시에서 씌어진 대로의 <아우성>(X)은 사전에 정의된 대로의 <아우성>(A)과 이 시의 특수한 문맥상 가지게된 특수한 의미, 즉 <나붓기는 깃발>(B)이 합작하여 이룬 제3의 개념이다. 아우성(X)에는 아우성(A)의 의미도, 나붓기는 깃발(B)의 의미도 다 들어 있으나, 그 둘 중의 어느

---

[13] W. B. Stanford, *Greek Metaphor*. 원문과 보다 자세한 해설 및 비유일반론에 관해서는 본인의 <시적비유에 대하여>, <인문과학> 10집 (연세대 인문과학연구소, 1963년 12월), 159~175면을 참조.

제 2 장 형식주의 비평의 방법   75

하나도 아닌 것이다. 또한 아우성(A)과 나붓기는 깃발(B)은 아우성(X)에 다 같이 참여하면서도 배후에 그들의 의미적 독립성(군중의 시끄러운 소리, 깃발)을 그대로 유지하고 있는 것이다. 아우성(X)은 이 시에서만 생명을 가진 개념이고, 따라서 다른 곳에서, 특히 국어사전에서는 찾아볼 수 없다(그것이 사전에 등재되어 있다면 이미 그것은 죽은 비유가 된 것이다). 아주 특수한 의미의 <아우성>인 것이다. 수사학에서는 A를 매개어(vehicle), B를 취의(terror), X를 비유라고 한다.

그러나 물론 언제나 비유에서 매개어와 취의를 명확하게 꼬집어 낼 수 있는 것은 아니다.

「겨울은 강철로 된 무지갠가보다」(이육사, <절정>)

이 잘 알려진 시귀에서 <강철로 된 무지개>라는 비유는 우선 그 취의를 금방 꼬집어 말할 수 없기 때문에 분석은 무척 어려워진다. 우선 <강철 무지개>는 존재하지 않는다. <겨울은 무지갠가보다>라고 했다면 약간 명백해질지 모른다. 그 앞에 나오는 절정(제목), 채찍, 칼날 등의 낱말들이 강철과 연결됨은 짐작할 수 있다. 무지개는 평범한 의미로는 아름다움, 희망 등, 이 시인의 현재 상황과는 전혀 거리가 먼 것이다. 절망의 절정에 선 시인의 눈앞에 선뜻 보이는 것은 희망을 상징하는 무지개가 아니라 아이러니컬하게도 번들거리는 일본도처럼 휘어진 강철 칼날이었단 말인가? 이와 같이 개인적 비젼을 표현하는 비유는 비논리적 암시성이 짙어진다. 이 경우에는 비유의 수사학적 분석보다는 작품 자체의 심리적 분석이 필요할 것으로 보인다. 이처럼 비젼의 비유가 작품 전체에 그 영향력을 미치고 있다면, 또는 그것을 구심점으로 하여 전 작품이 구성되어 있다면 그 비유는, 즉 현대적 의미의 시적 상징이 된다. 비논리적, 아니, 전(前)논리적 비젼은 상징에 의해 암시되는 까닭이다.

비유가 시인의 특별한 애호를 받는 것은 정당하지만, 간혹 편애를 받는 경우도 있다. 비평가가 지적해야 할 일이다. 다음과 같이 비유들이 엉켜 붙은 경우에는 비유의 배타적 편애의 결과라 할 수 있다.

「손수건처럼
 표백된 사고를 날리며
 황혼이
 전신주처럼 부풀어 오르는
 街角을 돌아
 <푸라타나스>처럼
 푸름을 마시어 본다.」　　　　(김경린, <태양이 직각으로
　　　　　　　　　　　　　　　　　　　　떨어지는 서울>)

은유와 명유가 뒤엉켜 있는데, 특히 명유(……처럼)의 버릇 같은 반복이 귀에 거슬린다. <표백된>, <날리며>, <부풀어 오르는>, <街角>, <푸름>, <마시어 본다> 등등의 은유와 <……처럼>의 명유들이 문맥의 구조상 기능적으로 요청되는 것인가, 또는 단순한 편애에 기인한 것인가 비판할 필요가 있다. 비유의 사용만이 시의 성공을 기하는 것은 아니다. 현대시의 위험은 여기 있다. 문맥이 불충분하게 주어져 있음에도 불구하고 주체키 힘든 양의 비유의 무게를 올려놓은 꼴을 우리는 자주 본다.

4. 의미의 형식적 조직

문학의 형식은 내용과 별개의 독자적 구조를 가지지 못한다. 작가가 의도하는, 또는 (약간 논란이 여지가 있는 생각이나) 작품 자체가 의도하는 의미가 가장 잘 표출되도록 조직되어

있는 상태가 곧 형식이라는 것이 형식주의의 이론의 하나이다. 한 그루의 아름다운 포플러 나무는 땅에 떨어진 씨가 그 자체에 가장 잘 어울리는 형태로 성장한 결과이다. 즉 그 아름다운 형태는 스스로의 타고난 성질에서 자연히 주어진 것이지, 외부의 누가 만들어 놓은, 틀에 맞추어서 억지로 그런 꼴을 갖게 된 것이 아니다.

다수의 형식주의자는 문학 유기체론(organicism)을 믿는다. 하나의 독특한 의미가 완전히 또 자연스럽게 그 자체를 발현시킬 때 취해진 모습을 편의상 형식이라 부른다는 것이다.14) 그것은 아마 형상이라 부르는 것이 더 옳을 것이다. 따라서 형식과 내용을 분리하여 생각하는 것은 금물이다. 우리 눈앞에 보이는 포플러 나무의 아름다움의 형식과 내용을 어떻게 구분할 수 있겠는가? 시인 예이츠의 다음 말은 자주 인용된다.

「무용가를 무용에서 어떻게 구별하리?」15)

그렇다면 시조처럼 굳어진 형식은 무엇인가? 대답은 간단할 수 있다. 어떤 독특한 의미가 가장 자연스럽게 발현된 결과적 상태가 시조의 형식이라면 이때 시조는 그 의미와 유기체적 관계가 있다. 즉, 그 형식과 내용은 떼어놓을 수 없는 것, 다시 말하면 그 경우 형식과 내용을 운위할 수조차 없는 성질의 것이다. 그러나 하나의 의미를 푸로크루스투스의 침대에 누이듯

---

14) 문학유기체론의 창시자인 독일의 Schelling과 영국의 Coleridge의 사상에 관해서는 본인의 <Schelling 과 Coleridge의 유기적 형식론>, <이효근, 조용만 양 교수 회갑기념 논문집>(고려대학교 영문학회, 1969년), 225~230면을 참조할 수 있음.
15) W. B. Yeats, How can we know the dancer from the dance? ("Among School Children")

긴 데는 자르고 짧은 데는 늘여서 형틀(형식이라기보다 차라리 형틀이다)에다 두드려 맞춘 것일 때에는 형상은 굳어버린 반(反) 생명적 요소가 된다. 자유시는 형식으로부터의 자유가 아니라, 한 의미가 자기 발현을 위해 스스로 그렇게 취한 상태라는 점에서 정형시와 근본적인 차이가 있을 수 없다.

형식은 결국 조직된 의미의 완전한 형상이다. 이 의미의 조직체를 알아보기 위하여서는 분석, 해부, 비교등의 반생명적, 반유기체적 작업을 안 할 수 없다.

모든 작품은 각각 독특한 의미의 형상화인 까닭에, 물리적 외형은 같아도 의미 조직의 방식은 다 다르다.

「공명을 즐겨 마라, 영욕이 반이로다.
부귀를 탐치 마라, 위기를 밟느니라.
우리는 일신이 한가하니, 두려운 일 없어라.」 (김상헌)

이 시조는 잘 알려진 것인바, 그 구조를 뜯어보면 초장과 중장이 서로 평행(parallel)을 이루고 각각 또 대구(antithesis)를 이루고 있다. 초장, 종장은 그와 같은 대구, 평행의 패턴과는 전혀 별개의 형태의 진술이다. 초장, 중장은 교훈적 의미를, 종장은 전원적 의미를 나타내고 있다. 시조라는 제약된 공간 속에서 두 가지의 이질적 수사법과 내용이 적절치 못하게 억지로 맞추어져 있는 듯한 인상이다. 즉, 김상헌이 가진 의미는 시조의 형식으로 자연스레 전개될 수 없는 성질의 것이라고 생각된다.

희곡이나 소설 같은 장편 문학에서 형식을 운위하는 것은 불가능하다고 생각하는 사람도 있다. 그러나 작품이 취하고 있는 상태를 형식이라고 볼 때, 모든 예술 작품은 관찰이 가능한 형식을 가지고 있는 것이다. 물론 희곡과 소설은 정형이라는 것이 없지만(희곡의 경우는 그런 게 있는 적도 있다), 자유형과 정형 사이를 크게 보아 무의미한 차이를 생각할 때, 정형이 없다는 것은 형식론을 위해 큰 문제는 되지 않는다. 장편 문학에서는 낱말이나 어귀 단위의 세밀한 분석은 지나치게 번쇄롭다. 또 장편 문학은 그 조직의 단위가 그처럼 미시적인 것이 아니라 거시적이다. 일반적으로 장편 문학의 형식을 관찰하기 위해 분석 단위로 삼는 것은 플롯, 성격(인물), 배경, 테마 등이다. 대체로 아리스토텔레스의 후계임을 자처하는 일파의 형식주의자들은 플롯을 최우위에 두어 그것이 성격, 테마 등이 구현되기 위한 기틀이라고 보고 있다. 그들의 말을 옮기면 「인간의 행위가 제시되는 의미 있는 순서」가 플롯이며, 「한 인간의 행위에 대한 작가의 해석을 자연스럽게 전개시킨 것으로 전개의 질서(순서), 즉 전개의 양식(패턴)은 깊은 의미에 있어서 이야기의 의미가 된다」.16) 작품의 전체적 의미는 바로 그 전개 패턴이라는 것이다. 그러니까 의미와 패턴은 혼연일체, 따라서 전혀 구분할 수 없다. 플롯의 형성 이전의 상태에 있던 의미를 구체적으로 형상화한다.

형식주의자들은 성격을 행위와 구별하지 않는다. 성격 곧 행위, 행위 곧 성격이라는 보다 넓고 유기적인 관점에서 통념상 행위와 구별되는 성격을 행위와 동일시하여 플롯, 즉 의미구현의 본질적 요소로 간주하는 것이다. 어떤 사람은 작품 속의 성격은 이미 행위화한 것, 따라서 플롯화한 것, 따라서 형상화한 것이고, 추상적 성격 자체와는 이미 결별한 것이라 말한다.

배경(setting) 역시 성격과 마찬가지로 플롯에 참여한다. 소설에 나오는 어떤 지방은 이미 지리학에 속하는 지방이 아니라, 소설의 전체 형상에 참여하는 요소로 변화한 것이다. 테마도 마찬가지로 따로 작품 속에 복선처럼 감추어져 있다가 독

---

16) Cleanth Brooks, J. T. Purser, and R. P. Warren, eds, *An Approach to Literature* (New York: Appleton, 1967), 12면.

자나 비평가에게 발각되는 것이 아니라, 전체의 형상화의 동력이 되는 한도 내에서만 생명이 있다. 따라서 소설, 희곡 등 장편 작품을 취급할 때 형식주의 비평가는 이야기거리, 성격, 사상, 감정, 언어조직, 표현 등등의 무수히 잡다한 요소들이 어떠한 전체적 형상을 향하여 통일된 진행을 하고 있는가에 최대의 주의를 기울인다. 작품에서 추출할 수 있는 모랄과 그 모랄에 비추어 우리의 태도를 어떻게 가져야 하는가 하는 등등의 문제는 형식주의자의 일차적 관심이 아닌 것이다.

예를 들기 위해서 이효석의 <메밀꽃 필 무렵>을 놓고 형식주의적 관점에서 비평가가 던질 만한 질문들을 꾸며 보기로 한다.

① 이 소설의 섬세한 서정적 묘사를 받은 배경과 무식한 주인공 장돌뱅이들이 과연 서로 잘 어울리는가?(스타일과 성격의 상호 의존성의 문제, 배경과 인물의 조화) 작가가 배경과 인물의 외형적 조화를 그처럼 깨뜨려서 얻은 효과는 무엇인가? (배경 또는 스타일과 인물의 강한 대조의 효과)

② 조선달의 역할은 무엇인가? 이 작품에서 그는 과연 얼마나 필요한 인물인가? (보조인물의 역할의 문제, 플롯 전개를 위한 보조수단 이상의 중요성을 갖게 되지 않도록 특별 배려 필요. 조선달의 성격은 미미한 상태로 표출되고 있다).

③ 두 중대한 달밤(20년 전과 오늘)을 연결짓기 위해 작가는 어떤 배려를 하고 있는가? (행위들의 평행적 진행, 동질적 배경의 설정. 두 밤 다 메밀꽃 피는 여름밤, 허생원의 탈의, 두 몸의 조우 및 결실)

④ 충주집에서 동이를 때린 행위는 전체와 어떠한 관계가 있는가? (허생원도 자신의 동기를 몰랐다가 결국 애착심에서였음을 발견한다. 이 발견은 작품 말미의 큰 발견에 가세한다. 그의 애착심은 전편을 통해 강조된다. 그것이 그로 하여금 고향의 추억과 직업과 늙은 나귀에서 떠나지 못하게 하고 급기야

제 2 장 형식주의 비평의 방법   81

는 그의 친자식을 발견케 한다.)

⑤ 허생원과 그의 나귀의 유사점은 왜 강조되고 있는가? (소위 부차적 플롯(sub-plot), 부차적 인물(sub-character)의 문제, 주인공의 행위에 대한 비교와 대조를 위한 배려이다.)

⑥ 허생원과 젖은 몸으로 동이의 등에 업혀 강을 건널 때 「동의의 탐탁한 등어리가 뼈에 사무쳐 따뜻하다」하였는데 이 표현의 적절성은? (지나치게 조작적이 아닌가? 마지막의 대발견의 쇼크를 완화하기 위한 예방책? 일종의 면역?)

⑦ <메밀꽃 필 무렵>은 하나의 우연한 귀결을 중심 이야기거리로 하고 있다. 우연은 하나의 행위의 자연스러운 결말이 되지 못한다. 대부분의 경우, 우연에 의한 결말은 무의미하고 안가하다. 작가가 이 작품에서 그 <우연성>을 완화하려고 사용한 수법들은 무엇인가? 또 그것들은 얼마나 성공적인가? 그 자체로서는 장황한 배경 묘사는 이 문제 해결에 어떤 도움을 주는가? 허생원이 이 우연을 받아들이는 태도는? (작가는 주인공의 성격과 행위의 결말을 어떻게 조화시키는가?)

위의 질문들은 질문을 위한 질문 같다고 생각할 사람들도 있을 것이다. 또 그보다 더 중요한 질문을 해야 한다고 할 사람도 많을 것이다. 그러나 작품 자체를 하나의 구체적 사물로 눈앞에 놓았을 때 위의 질문들은 할 만한 질문임에 틀림없다.

5. 극적 상황

일파의 형식주의자들은 작품과 독자 사이의 관계를 하나의 극적 상황으로 보기를 주장한다. 확실히 한 작품은 하나의 어조(tone)와 목소리(voice)로 어떤 말하는 이(speaker)가 어떤 상황(situation)에서 어떤 청중(audience)에게 어떤 특정한 사실에 관하여 이야기하고 있는 것이다. 이것은 다시 말하면 하나의 연극인 셈이다.

아무리 고백적인 서정시라 하더라도 그것은 독특한 목소리를 가진 한 인물(persona, 즉 가면)의 발언이다.

「봄 가을 없이 밤마다 돋는 달도
  예전에 미처 몰랐어요.」

는 젊은 여인의 목소리이다. 그리움의 정조가 담긴 어조이다. 배경은 어쩌면 달밤, 멀리 떠나 올 줄을 모르는 애인을 기다리는 여인의 정황이다. 이 여인의 말상대는 누군가? 이 시를 읽는 모든 독자인가? 옳은 말이나, 독자는 이 여인의 말 상대가 될 만한 <연극적>입장에 처해야 한다. 물론 작자는 김소월이다. 그러니까 김소월은 몇 개의 글자를 모아 놓은 것이 아니라 독특한 상황, 독특한 어조를 가진 독특한 여인을 창조한 것이다. 아울러 이 시를 대하는 많은 독자들의 작품을 대하는 태도까지도 규정하였다.17) 이리하여 형식주의자의 문학창조관은 고전주의자의 문장의 미화, 낭만주의자의 자기 고백의 견지를 훨씬 넘어선 무척 심화된 창조관이다.

「산산히 부서진 이름이여!
  허공 중에 헤어진 이름이여!
  불러도 대답 없는 이름이여!
  부르다가 내가 죽을 이름이여!」

---

17) 서정주는 <이 시에서 (김소월)은 사랑하기 때문에 간절해진 달의 느낌을 표현하고 있는 것>이라 하고, 이어 <이와 같이 사랑이 있기 때문에 세상이 두루 그립고 서글프게 된 사람들 중의 하나로서, 그는 우리말을 가지고 그 마음을 표현해 내고 있다>고 하여, 김소월 개인의 도덕군자적 체험을 그대로 적은 것으로 해석하고 있다. <한국의 현대시>(서울, 일지사, 1969), 57~58면.

많은 사람들이 이 시는 김소월 자신의 마음을 그대로 털어 놓은 것이니까 극적 운운하는 것은 쑥스럽다고 할지 모른다. 그러나 형식주의자는 이런 작품을 작자의 자서전으로 오해하지 않는다. 역시 어떤 특정한 정황에서 부르짖는 특정한 목소리로 듣는 것이다. 이 특정한 목소리가 김소월 개인의 목소리를 정말 닮았었는지 아닌지는 확인할 도리도 없을 뿐더러 그럴 필요도 없다. 단, 그것은 김소월이 구사한 여러 목소리 중의 하나이며, 그 목소리와 어울리는 특정한 정황을 창조한 것은 틀림없이 김소월이다. 김소월은 실상 희곡작가 못지 않은 예술적 고심의 결과로 한 인물과 정황을 창조하고 거기에 귀를 기울이는 많은 청중을 얻었다. 한 마디로 해서 연극이라는 허구(fiction)인 것이다. 이런 관점에서 볼 때 중요한 것은 그 목소리, 그 정황의 인물(persona)이 흥미 있느냐, 의미 있느냐, 믿을 만하게 만들어졌느냐 하는 등등의 문제이다. 이것은 독자인 우리를 얼마나 그 연극에 적합한 관객으로 이끄느냐 하는 문제와도 연결된다. 하나의 허구가 그 세계로 독자를 자발적으로 이끌려 들어가게 할 수 없다면 그 허구는 예술적 허구가 아니라 허위이다. 김소월의 시에서 우리는 하늘을 향하여 부르짖는 애타는 목소리를 듣는다. 애인이 죽었다, 사랑한다는 말도 채 못했다. 청중인 우리는 안락의자에 편히 앉아 있는지는 모르나 상상적으로 더없이 슬픈 장면을 목도하는 숙연한 태도를 안 가질 수 없다. 철없는 어린애로서, 세상사가 귀찮은 노인으로서, 만사를 비웃는 냉소가로서, 계산에 밝은 사업가로서가 아니라 그러한 정황에 공감하는 인간으로서 우리는 그 시에 참여한다. 즉, 시를 체험하는 것이다. 따라서 극적 인물과 말씨와 정황을 파악하지 못했을 때, 한 작품의 의미가 바로 전달될 수가 없다. 자서전적 해석의 위험이 바로 이것임을 알 수 있다.

　폭넓은 작가는 많은 <목소리>를 갖고 있다. 한용운의 <님의 침묵>에서처럼, 대략 한 목소리로 한 청중을 놓고 깊이 파들어

갈 수도 있지만—그의 경우 정황의 다양이 단조를 깨뜨린다—각양각색의 인물을 등장시키는 극작가처럼 많은 얼굴과 목소리를 가진 작가를 우리는 폭이 넓다고 한다. 형식주의자들은 언어상의 복합성뿐 아니라 태도상의 복합성, 그것을 더욱 중요하게 여긴다. 한 작가가 창조하는 마스크의 다양성이야말로 가장 흥미 있는 문제가 된다.

6. 복합성과 통일성(complexity, unity)

형식주의자는 예술작품의 부분과 전체의 관계에 민감하다. 어떤 부분들이 어떻게 하나의 완전한 형상을 이루는가 하는 문제는 아리스토텔레스 이후 형식주의자들의 최대 관심사이다. 부분들은 작품 내부의 다양성, 포괄성, 복합성을 조성한다. 전체는 이들을 한데 잘 조화하여 뭉치는 힘이 있다. 전체는 하나의 단일성, 통일성을 가진 형상이다. 복합과 단순, 다양과 통일은 서로 반대되는 개념이나 예술 작품에서 그들은 서로 조화를 이룬다.

형식주의 비평가들은 작품의 복합성을 조성하는 갖가지 요소들에 주의를 기울인다. 이미 위에서 논의하였거니와, 문학작품의 가장 표피인 소리의 조직도 여간 복잡 다양한 것이 아니다. 낱말과 구문도 물론 복합성을 조성한다. <간단 명료한 글>이라는 것도 실상은 과학이나 법률의 그것처럼 단순화를 위한 것이 아니라, 그로 말미암아 얻어지는 다른 면에서의 복합성을 조성키 위한 것임은 두말할 것도 없다. 문학적 언어 중에서 가장 눈에 잘 띄는 복잡한 언어가 비유의 언어임은 위에서 이미 밝힌 바 있다. 한 개의 비유에는 적어도 세 콘텍스트가 교차하고 있는 것이다.

일부 형식주의자들이 즐겨 사용하는 용어들, 즉 아이러니, 파라독스, 애매성(ambiguity), 긴장(tension)등은 모두 단순하지

제 2 장 형식주의 비평의 방법   85

않은 복잡한 의미의 여러 형태를 가리키는 말들이다. 언어의 복합성이라 해서 말을 많이 사용하는 것을 뜻하는 것은 물론 아니다. 작가는 때에 따라서는, 아니 대체로 말에 있어 경제적이다. 그러나 열 마디의 말을 써서 10도쯤의 복합성을 조정하는 것보다 두 마디 정도의 말을 써서 10도의 복합성을 조성하려는 의도에서 말을 경제하는 것이다. 의미의 다양성은 함축과 의미 끼리의 충돌, 병행, 논리의 뒤집음, 대조, 대치 등에 의해서 커진다. 이러한 현상들을 혹은 아이러니, 혹은 파라독스, 혹은 위트, 혹은 애매성이라 이름하는 것이다.

　의미의 다양은 비슷비슷한 또는 동질적 의미들의 집합으로 조성되지는 않는다. 그러니까 한 작가가 표현하고자 하는 의미는 단순 명료한 것이 아니라, 서로 이질적이고 충돌적인 요소들을 포괄하고 있는 복잡하고 다양한 의미이다. 형식주의자들이 한 작품에서 한가지 모랄을 추출해 내는 일을 꺼리는 것은 바로 그 이유에서이다. 포괄적인 복잡한 작품이라면, 그렇게 손쉽게 단일한 모랄을 꼬집어 낼 수는 없다는 것이다. 역량있는 작가는 작품에서 한 가지 이야기, 한 가지 모랄, 한 가지 태도를 보이지 않는다. 형식주의자는 그 점을 가장 흥미 있어 하며 또한 강조한다. 영국의 대표적 낭만파 시인이었던 존 키이츠는,

「천재는……아무런 개성도, 확정된 성격도 없다.……소위 소극적 수용력이라는 것, 불확실, 미지, 의심 중에 놓여 있어도 사실과 이유를 추구하느라고 몸달아 하지 않을 수 있는 능력 말이다.……
　시인이라는 것은 <자기>라는 게 없다. 그것은 모든 것이며, 또 아무 것도 아니다. 그것은 성격이 없다. 그것은 광명과 그늘을 다 즐기며, 추악하든 아름답든, 높든 낮든, 부자든 가난하든, 천하든 고귀하든 간에 풍미를 느끼며 산다……시인은 만물중 가장 비시적(非時的)존재이다. 자기(iden-

tity)가 없는 까닭이다. 타자에게 자기를 자꾸만 비워주는 까닭이다.」 18)

라고 하였다. 소위 <소극적 수용성>(negative capability)을 소유한 자는 이질적 요소들을 불안감이나 회의가 없이 포괄하고 즐기는 자이다. 물론 예술가가 전적으로 이질성과 충돌성을 안은 채 안존할 수는 없으나, 적어도 그의 예술정신만은 그런 왕성한 소화력, 수용력이 있어야 한다.

금세기 초에 아이버 리쳐즈와 엘리어트가 문학에 있어서 작품 자체와 작가의 신념을 분리하고자 한 의도는 실상은 키이츠류의 <수용성>을 극단적으로 강조하려던 데에 있었다. 형식주의자들은 작가의 주관과 개인성(또는 성격)이 지나치게 강조되면 작품 자체내의 복합성은 단순화하기 쉽다고 믿는다. 열렬한 공산주의 작가는 세상만사를 유물사관에 의하여 무척 단순하게 해석하기 쉽다. 공산주의의 조국을 사랑하면서도, 자신도 넓은 의미의 사회주의자이면서도, 공산주의 자체에 대한 자연스러운 회의를 강하게 표백한 파스테르나크를 위대하다고 하는 것은 그가 공산주의를 부인했으니까 자유진영의 편이라는 파당적 이유에 있는 것이 아니라(그렇게 보는 사람도 얼마든지 많고, 또 어느 정도 타당하다), 그 태도의 복잡 미묘함에 더없는 인간미를 느낄 수 있기 때문이다. 물론 형식주의자는 인간미를 운운하기에 앞서 오히려 그 태도의 복잡 미묘함, 이질적 요소들의 반발에도 불구하고 힘든 억제를 가하여 긴장된 통일을 이루고 있는 그 태도의 미묘함에 관심을 가진다.

강한 개인적 신념이 20세기에 들어와서는 문학적 창조에 대하여 오히려 파괴적이라는 관념이 대두하여 이른바 비개성주

---

18) John Keats, *Letters* (1817~18년 사이에 쓴 시간문에서 인용).

의 예술론(impersonalism)을 낳았거니와, 문학활동 중에 개인의 신념을 지나치게 강력히 주장하는 것을 미숙한 태도로 보는 것도 현대 문학관의 일단이다. 자기가 정신적으로나 심리적으로나 또는 물질적으로 안락을 느끼는 어떤 특정한 교리를 적극적으로 주장하는 것은 적어도 문학을 하는 순간에는 독단, 독선이라는 파괴 세력이 된다는 것이다.

현대처럼 문학 문제에서 성숙성(maturity)이 논란된 적은 없다. 형식주의자가 일반적으로 문학은 어떤 특유한 사상의 발표 무대가 아니라고 믿는 것은 사상에 대한 혐오에서가 아니라, 배타적 사상이 문학작품의 수용성, 복합성, 의미의 포괄성, 태도의 다양성을 와해한다는 이유에서이다. 즉, 예술적 이유에서이지 주의주장의 이유에서가 아니다.

문학과 사상의 관계에 대하여 형식주의자는 간혹 공격을 받는다. 형식주의자는 사상의 중요성을 인정치 않는다는 것이다. 그러나 형식주의자는 언어를 매개로 하여 전달되는 인간의 모든 사상은 언어 자체가 문학예술의 재료가 되는 까닭에, 그것이 문학에 참여할 때에는 그 재료의 입장에 있게 된다고 믿는다. 모든 사상, 감정, 관념, 낱말, 이미지, 논리가 통일된 의미의 형상을 구현하기 위한 재료가 되는 것이다. 중세 가톨릭 사상은 사회인 단테에게는 절대적 신념이었지만, 예술가 단테에게는 그것은 중추적인 <재료>였다. 재료의 다양성과 질이 물론 완성된 작품의 가치 형성에 가장 중요한 요인이 되지만, 적어도 그 다양성은 주관 또는 감정의 배타적 고집과는 양립할 수 없다고 형식주의자는 믿는다. 이런 의미에서 작품의 복합성은 작가의 포용력, 다시 말하면 성숙성을 보여 준다. 셰익스피어나 도스토예프스키 등의 결코 단순 명백하지 않은 작품 세계는 그런 성숙성에서 오는 것이다.

작품의 복합성은 작품의 물리적 분량과 무관하지 않다. 짧은 서정시보다 장시, 단편보다 장편이 복합성을 위한 더 넓은 공간을 가지고 있는 것은 물론이다. 따라서 한 편의 서정시를 써서 위대한 시인이 될 수는 없으나, 한 편의 장편을 써서 위대한 소설가는 될 수 있다. 즉, 양과 가치는 불가분의 관계에 있다. 한 시인의 작품집 전체를 한 커다란 작품으로 보는 것이 바람직하다고 엘리어트는 말한 적이 있다.[19]

예술품을 제작하는 데에 사용한 재료는 그 작품의 가치에도 크게 영향을 준다. 형식주의자는 작품이 <무엇>을 말하는가에 관심이 없고 작품이 <어떻게> 구성되어 있는가에 관심을 가진다는 비난을 받는다. 무엇이든지 잘만 취급하면 좋은 작품이 된다고 믿는다는 것이다. 그러나 이것은 비난을 위한 비난이고, 형식주의자도 사상의 질이 작품 자체의 질과 긴밀히 연결된다는 사실을 인정하고 있다. 다만 무엇이 좋은 사상이냐에 대한 논쟁에는 별로 참여하지 않는 것은 사실이다. 그것은 문학적 질문이라기보다는 사회인, 도덕가, 종교인, 개인으로서의 질문이라 생각하는 것이다. 형식주의자는 좋은 재료를 써야 좋은 작품이 될 수 있음을 어느 한도까지는 믿는다. 진흙을 재료로 한 조형미술품보다는 대리석을 깎은 미술품이 훨씬 가치가 있을 수 있다면, 재료 자체의 질―견고성, 색소, 취급의 어려움, 희소가치 등등―이 완성된 작품의 가치에 참여한다고 보는 것은 당연하다. 사상의 질을 판정하는 방법은 비평가가 독단적으로 제정하는 것이 아니라 철학가, 사상가, 사상의 전통, 종교 및 윤리의 역사적 신념 등등에서 의식적이든 무의식적이든 배워오는 것이다.

그렇다고 해서 높은 가치가 인정된 사상을 주재료로 사용하기만 하면 좋은 작품이 되는 것은 절대로 아니다. 이건 상식이다. 즉, 재료의 취급방법은 중요하다.

---

[19] "What is Minor Poetry?" *On Poetry and Poets* (London Faber, 1957), 47면.

형식주의자들은 재료의 다양한 취급과 아울러 통일적 처리를 요구한다. <구슬이 서 말이라도 꿰어야 보배>라는 속담처럼 많은 재료가 무질서하게 잡다하게 축적만 되어 있으면 그만인 것은 아니다. 형식주의자들이 구조적 통일성이라는 말을 많이 쓰는 이유가 여기 있다. 다양과 통일은 서로 배치되는 원칙이나 이들이 어떤 구조 속에서 화해하는 모습을 형식주의자는 눈여겨보는 것이다. 야심만만한 작가는 작품 속에 최대량의 재료를 투입시키는 동시에 이를 포괄할 최대한의 통일성을 기하려 한다.

형식주의의 면에서 볼 때, 한국의 소설은 대부분 소심한 재료 사용에서 오는 빈약을 노정하고 있고, 따라서 통일성은 재료의 압력을 덜 받는 만큼 맥이 없다. 다시 형식주의의 면에서 볼 때, 참여문학이니 순수문학이니 하는 한국 문예비평계의 최대 화제거리는 문학적 재료의 단순화를 촉구하는 파괴적 언설이 되기 쉽다. 문학은 참여도 순수도 아닌 최대의 복합성과 최대의 통일성을 원칙으로 하는, 그냥 문학일 따름이다.

제 3 장 사회·윤리주의 비평의 방법

  문학이 사회적 산물임은 자명하다. 첫째로 그것은 언어라는 사회적 의사소통 수단을 이용하지 않을 수 없으며, 둘째로 저자와 독자라는 사회관계를 떠날 수 없으며, 셋째로 인간의 사회생활을 그 소재로 취급하지 않을 수 없다.
  문학은 개인의 사상과 감정의 표현이라는 널리 알려진 정의 못지 않게, 문학은 사회의 표현이라는 정의 역시 우리 입에 자주 오르내린다. 이 정의는 정확히는 드 보날드의 말이라지만,[1] 일반적으로 이뽈릿 테느 이래 널리 보급되어 온 생각이다. 테느는 역사주의 비평가였으나, 사회·윤리적 비평의 형성에도 크게 기여하였던 것이다. 이 사실은 역사주의 비평과 사회·윤리적 비평 사이의 거리가 가까움을 잘 시사한다.
  문학을 독립된 완성품으로서가 아니라 하나의 과정으로 보는 점, 문학을 시대상이라는 콘텍스트 속에 놓고 보지 않으면 무의미하다고 보는 점에서 역사주의와 사회·윤리주의의 관점은 일치한다고 볼 수 있다. 그러나 사회·윤리적 비평은 역사주의 비평에서 그렇게도 중요시하고 있는 소위 문학의 근원적 요소들, 즉 작품의 제작 연대, 작가의 전기, 언어의 변천, 전달의 방식 등에 대하여 별로 관심을 안 가진다. 그 밖의 문학의

---

1) Wellek and Warren, 83면.

장르, 관습, 전통에 대해서도 큰 중요성을 부여하지 않는다. 문학의 사회적 역할, 현실 생활과의 관계야말로 사회·윤리 비평의 주관심사이다. 제1차적으로는 문학과 사회, 정치, 경제 등과의 관계에 유의하지만, 윤리, 문화와의 관계를 또한 빼놓지 않고 유의한다.

일반적으로 사회·윤리 비평가는 문학의 효용면에 관심을 기울인다. 어떤 사물의 사회적 효용 가치는 대단히 폭이 넓은 개념이 될 수 있다. 플라톤이 그의 <이상국론> 제10권에서 비록 선의라고는 하지만 전체주의 국가에서의 문학의 효용을 극도로 줄여 잡았던 것은 잘 알려져 있는 이야기이다. 그는 문학이 가지고 있는 유일 최대의 효용은 감정적 쾌락뿐이라고 주장했다. 그의 이상주의 철학에서는 감정은 비이성적, 따라서 현명한 사람들이 매우 두려워하여 억눌려야 할, 달갑지 않은 기능이었다. 문학 일반은 도덕적 교육의 능력이 없으므로 문학의 사회적 효용이란 결국 비이성적 쾌락에 지나지 않으며, 그것은 <효용>이 아니라 해독이라는 것이었다.

우리가 아는 대로, 아리스토텔레스 <카타르시스>라는 정서적 쾌락을 개인 생활뿐 아니라 사회 전체의 정신생리상 아주 바람직한 것이라고 주장하고, 예술 일반이 그런 쾌락을 주는 효능이 있음을 천명했다.[2]

플라톤과 아리스토텔레스의 문학 효용 논쟁은 그들의 근본 형이상학의 대치로 말미암아 서로 화해에 도달할 수 없을지 모른다. 단적으로 말해서 플라톤은 진리 전달의 방법으로써 정서 생활의 도움으로서의 문학의 효용을 부정하는 반면, 문학이 개연성과 가능성을 시사하는 까닭에 개체적 사실만을 취급하는 역사보다 철학적임을 강조한 아리스토텔레스는 진리 전달

---

[2] 개인의 쾌락에 대해서는 <시학> 6장에서, 교육적 내지 사회적 쾌락에 대해서는 <정치학> 8권 7장에서 설명하고 있다. 그러나 아리스토텔레스에 있어서 예술에 대한 논의는 예술 효용론에서 예술구조론으로 그 중점을 옮겨 놓았다.

의 방법으로나 정서 생활의 함양 수단으로써 문학의 효용을 강조하고 있다.

플라톤의 문학관은 그 후 도덕론자, 정치가, 교육가 등에 의하여 간혹 천박한 형태로 해석되어 계승되고 있다. 문학은 계급투쟁의 도구 이외에 다른 것이 될 수 없다는 협소한 정신의 사회주의자나, 청소년들에게 소설을 읽혀서는 안 된다는 수신책 시절의 교육가들의 생각이 그것이다.

아리스토텔레스의 궁극적 태도는 후일 로마의 호라티우스식의 문학 공리주의를 낳았다고 볼 수 있다. 문학은 진리를 전달하되, 즐겁고 아름다운 방법으로 한다는 생각 말이다. 달콤하고도 쓸모 있는(dulce et utile) 언어 조직이 문학이라는 것이다.[3] 이것은 물론 아리스토텔레스의 기본 사상과는 너무나도 먼 거리에 있고, 일견 상당히 천박한 사상 같지만, 르네상스, 고전주의 시대에 그 전성기를 맞았었고 현재에도 문학의 사회적 효용을 상식적인 수준에서 주장하는 사람들이 많이 받아들이고 있다. 르네상스 때 성행한 문학 당의정설, 즉 씁쓸한 진리를 달콤한 말에 담아서, 마치 쓴 약을 당의정에 담듯이 하여 제공한다는 생각은 현대에도 수긍할 사람이 많을 것이다.[4]

현대에 이르러 문학과 사회, 문화 및 윤리를 연결시켜 생각하는 비평가는 당의정과 같은 안이한 상식적 사고를 배척하고 보다 적극적이고 진취적 태도와 행동을 취한다. 현대의 사회적 비평가의 일은 크게 두 갈래로 갈린다. 첫째는 문학을 사회현상의 하나로 보고, 사회현상을 다루는 정석적 방법론에 의하여, 다시 말하자면 사회학적으로 다루는 일이 있을 수 있다. 둘째는 문학은 사회 윤리 이념의 창도 내지 옹호자가 되어야 한다

---

3) Horatius, *Ars Poetica*, 333~347행.
4) 르네상스 시대의 문학 당의설 등의 효용론에 관해서는, Sangsup Lee, *Elizabethan Literary Opinion* (Seoul: The Graduate School: The Graduate School, Yonsei Univ., 1971), 109~136면에 상술되어 있다.

는 다분히 당위론적인 이념 연구의 일, 즉 윤리적 연구 방법이다.

1. 사회학적 방법

첫째의 방법, 즉 사회학을 문학 연구에 응용하는 일은 아직 개발 초기에 있다고 할 수 있다. 대체적으로 사회학자는 문학을 비사회적인 개인의 환상의 소산 정도로 생각해 버리는 경향이 있고, 반면 비평가는 사회학을 통계자료나 주무르는 준과학적 방법이라 문학과는 거리가 멀다고 느끼고 있는 형편인 것이다. 사회학자가 볼 때, 눈에 띄는 사회현상은 소위 순수문학이라는 것보다 대중, 통속문학—오락, 연예물, 오락잡지 등—일 것이다. 그런데 이런 통속물을 문예비평가는 경멸은 고사하고 아예 외면하고 있다. 문학이 사회의 표현임을 진실로 믿는다면 사회적 비평가는 순문예이든, 통속물이든 상관없이 관찰의 대상으로 삼아야 할 것이다. 어쨌든 사회학과 문학 연구는 서로 친근해야 할 상호관계에 있다.

리오 로웬탈이 지적하는 바와 같이5) 문학이 자주 다루는 문제들, 이를테면 사회무질서, 소외, 세대간의 갈등, 도시화, 기술문명, 관료체제, 대중사회 등등은 사회학의 중요 문제이기도 하다. 따라서 비평가는 사회학자들이 이들 문제에 접근하는 방법을 어느 정도까지는 터득해야 한다. 문학에 대한 이해를 넓고 깊이 하기 위하여서라면 기피할 지적 노력도 없다. 물론 사회학의 여러 방법론을 다 이용할 수도 없거니와 그것이 바람직하지도 않다. 보조과학의 응용에는 한도가 있기 마련이다. 작품 이해의 심화를 기할 수 있는 방법 이외에는 쓸모가 없는 것이다.

---

5) Leo Lowenthal, "Literature and Sociology," *Relations of Literary Study*, 92면.

로웬탈은 문학의 사회학적 연구를 수행함에 있어 다음 네 가지의 주요 과제가 생긴다고 말한다.
(1) 문학과 사회제도, (2) 작가의 사회적 지위, (3) 문학적 소재로서의 사회의 여러 양상, (4) 문학의 전달과 공급.[6]

(1) 문학과 사회제도

사회 각층에 있어서의 문학의 역할을 관찰하는 일은 중요한 과제이다. 원시사회 또는 특수한 발달형태를 가진 사회에서는 문학은 종교의식이나 제사와 구별되지 않은 채로 섞여져 있음을 볼 수 있다. 초기 그리스의 비극, 유럽의 중세의 종교극, 한국의 무가(巫歌) 등에 있어서 문학은 종교적 제전의 일부로서, 독립된 형태로 구분하기 힘들지만은 현대의 문명사회에 있어서 문학은 그 특수한 기능을 가지고 있음으로 말미암아 여타의 문화적 행위와 확연히 구별된다. 문학은 광고도, 상업도, 교육도, 종교도 아니다. 그러면서도 문학은 사회의 그런 행위 및 기능과 밀접한 연결을 가지고 있다. 사회와 시대에 따라 그 관련성이 달라지는 것은 사실이다. 20세기초에 최남선, 이광수 등은 문학의 교육적 기능에 유의한 지성인들이었다. 이른바 문학적 계몽주의를 당시 사회의 요청으로 인식하였던 것이다. 민족적 좌절에서, 더 직접적으로는 개인의 좌절에서 정신과 육체의 병을 앓던 20년대의 낭만적 문학은 일종의 도피였고, 이 경우에 있어 문학은 좌절의 고통을 일시나마 잊게 해주는 환각제 같은 사회적 기능을 가졌었다고 할 수 있다. 정치 또는 경제 방면으로의 좌절이 많은 지성인을 퇴폐적, 환상적 탈출구로 몰아 갔는지도 모른다. 이러한 특수 환경하의 지성인들은 그들대로 하나의 특수 사회집단을 이룬다. 소위 <지식 사회학>의 연구 대상이 될 수 있다.

위에서 계몽주의를 언급하였거니와, 일정한 이념적 목표를 향하여 민중을 유도하는 일은 문학이 자주 행하는 일이다. 이

---

6) 위 책 79~99면.

경우에 문학 자체가 그 이념을 형성한다기보다 사상, 철학, 종교가 그 일은 한다. 즉 푸로파간다, 다시 말하면 일종의 광고라는 사회적 기능을 떠맡게 되는 것이다. 반공 체제하의 사회 환경에서 반공 드라마는 정부의 적극적 후원을 받으며 반공에 대한 푸로파간다의 기능을 수행하고 있는바, 현재 상황에서 볼 때, 그것은 푸로파간다일 뿐 아니라 대중이 원하는 오락물이기도 하다. 이것은 푸로파간다로서의 성공을 의미한다. 그러한 종류의 선전이 오락물이 될 수 있는 사회 체제는 사회학자가 볼 때 대단히 흥미로운 현상일 것이다. 만일 대중이 그런 선전을 원치 않는다면, 그 역시 흥미 있는 현상이 될 것이다. 정치 이념과 그 이념을 대변하는 문학(텔레비전 드라마를 포함해서)에서 이탈되어 있는 대중의 관심은 사회학적으로 흥미 있는 현상이 아닐 수 없다.

 대중문학, 통속문학은 사회 일반의 생활 및 심리적 관습에 대한 지표가 된다. 과거에 큰 인기를 모았던 텔레비전 연속극인 <아씨>, 즉 가마 타고 시집가서 대가족 생활의 소용돌이에 묻히는 얘기, 동경유학, 일제 탄압, 부산 피난, 자녀의 성공, 노년의 행복 등 전형적이 우리 부모 시대의 이야기를 달가워하는 사회의 제도적 배경은 무엇인가? 그것은<중단 없는 전진>에 휘말려 앞만 바라보고 나아가야 하는 현실에서, 쓰고 달던 과거에로의 회상적 도피인가? 또는 중진국이라는 번영과 안정 속에서 쪼들렸던 과거를 돌아보는 여유인가? 현재의 사회 현실에 대하여 그러한 성격의 통속 연예물이 가지는 기능은 무엇인가? 확실히

<아씨>는 <자유부인>이 인기를 독차지하던 1950년대 초반기에는 사회의 요청을 받았을 성질의 작품은 아니다. 그 당시 사회에 대하여 그것은 필요한 기능이 없었을 것이고 따라서 존재하지 않았을 것이라고 사회학적 비평가는 추론할 수 있을 것이다. 다분히 사회제도론적 내지 사회심리학적 연구 주제이다.

제 3 장 사회·윤리주의 비평의 방법 97

특히 유의할 점은 장르 문제이다. 장르는 보통 문학 특유의 불성문법으로 간주되어 문학 이외의 세계와는 관계가 없는 것으로 여겨지지만, 사회학적 측면에서 볼 때, 역시 사회제도의 일부임이 확실해진다. 장르의 구별―시, 소설, 희곡―은 문학 자체 내의 제도일 뿐 아니라, 사회의 제도이기도 하다. 즉 시라는 장르를 표현수단으로 사용한 사람은 그 장르를 선정했다는 점에서 벌써 사회적 요구에 응하고 있는 것이 된다. 사회는 작가가 시 또는 소설 또는 희곡 또는 기타 장르를 써 주기를 바라고 있는 것이다.

장르에 개념의 변화와 한 장르의 흥망성쇠에서 사회제도의 변모를 엿볼 수도 있다. 한국에서 동란까지는 상당히 인기가 있던 탐정소설―우리는 방인근, 김래성, 루불랑을 잘 기억한다―의 장르가 요즈음 자취가 없는 이유는 사회제도의 어떤 변화와 관련이 있는지 알아볼 만하다.[7] 현대에 있어서 시조 장르의 부활 및 변모는 문학적 사건일 뿐 아니라 사회 현상이기도 하다. 본래 양반층의 애호물이던 시조 장르는 양반이라는 공식적 사회계급이 없는 현재, 어떤 경로로 해서 부활되었으며, 무슨 기능을 가지고 있는지 역시 궁금하게 여길 사람도 있다.

(2) 작가의 사회적 지위

작가의 사회적 지위를 연구하는 이른바 작가 사회학의 영역이 있다. <작가>는 교사, 군인, 승려, 법관, 의사 등과 같이 일종의 직업인으로서의 명칭이라고 볼 수 있다. 그러니까 사회학에서 교사사회 또는 교사집단을 연구하듯이, 작가사회 또는 작가집단을 연구할 수도 있게 된다. 한편 <작가>라는 명칭은 직업과 관계없이 지성인의 일부류에 붙여 준 명칭이라고도 할

---

7) 탐정소설 대신에 <대한제국> 같은 가까운 과거 역사를 소재로 한 대하소설과 중국 무협소설이 인기가 있는 것은 사회의 무슨 변화와 관계가 있는지 규명되지 않고 있다.

수 있다. 즉 사회적 전형(타입)의 하나로서, 역시 사회학적 연구 대상이 된다. 인텔리겐챠의 중요성은 근세 유럽에서 사회의식의 성장과 더불어 크게 대두된 바 있다. <글 쓰는>, 즉 문학적 인텔리겐챠는 전문적 지식인들 중에서도 특히 역사가 깊고 영향력이 크다.

돈벌이 위주의 직업적 작가로부터 쉘리의 이른바 <공인되지 않은 입법자>로서의 시인에 이르기까지, 작가 집단에는 많은 계층이 있는 것을 우리는 알고 있다. 대중작가니, 순문예작가니 하는 칭호는 심미적 의미에서 붙여지기도 하나 사회적 전형으로서의 칭호이기도 하다. 돈벌이 위주의 작가, 대체로 소위 베스트 셀러 작가들은 사회적으로 어떠한 지성적 행태를 대표하는지 규명해 보면 흥미있을 것이다. 다른 사업가와의 차이도 생각해 볼 만하다. 한국에는 서양의 예에 비교할 만큼 <상업적인> 작가가 등장하지 못하고 있는 이유도 작가 사회학의 한 과제가 될 것이다. 돈을 잘 버는 작가는 사회에서 선망과 천시의 양극단적 반응의 대상이 되는 경향이 있음은 작가에 대한 사회적 여망이 서양에 비해 특수함을 시사한다. 서양서는 돈 많이 버는 작가가 반드시 통속 오락작가는 아니며 오히려 일류작가인 경우가 많다. 어떤 사회에서는 작품활동을 정치적 세력의 수단으로 삼는 것이 가능하기도 하다. 사회주의 국가의 작가 연맹은 다분히 정치세력 집단이다(어용도 정치세력이다).

일부 작가는, 특별히 어떤 시대에 있어서 <손재간>에 주력한다. 작품은 창조되는 것이 아니라 제작되는 것이다. 이 경우 작가는 금은세공 기술자, 나전칠기장이 등과 같이 직업적 기술공, 즉 장이들이다. 스승에게 배우고 연마하여 기술과 비법을 터득하고, 이를 실행하는 기간 중에 그 워크만쉽에 의해 사회의 찬사와 보답을 받는다.[8]

---

[8] 이런 의미의 직업 문인은 현대에는 보기 힘들다. 예전 중세기 트루바돌, 글리만, 민스트렐, 민네징거 등이 이에 속한다.

대단히 역사가 긴 작가의 타입은 오락 제공자로서의 작가이다. 대중작가는 대개 남을 즐겁게 해주고 보수를 받는 특수 지성인 집단이다. 오락작가가 반드시 돈 많이 버는 작가는 아님이 분명하다. <아리랑> 잡지에 명랑소설을 쓰는 사람이 곧 베스트 셀러 작가는 아닌 것이다. 즉, 즐거운 것이 모두 다 상업적 가치가 있는 것은 아니다. 그런데도 오락물 작가는 매문가―글 장사―라는 일반적 인식이 있음은 무슨 까닭인가? 이른바<영세상인>인가? 문학적 영세상인의 지위에 머물러 있는 지성인의 형태는 흥미있는 아이러니를 담고 있다.

상당수의 작가는 소명감을 갖고 있다. 계몽주의자, 계몽의식 고취자, 민족주의자, 사회 참여주의자 등 다분히 미래지향적인 인텔리겐챠들이다. 이 중에는 급진적인 정치이념의 대변자―푸로간디스트―도 끼어 있고, 유유히 지혜를 말하며 인류의 스승임을 자부하는 교사 타입도 있다. 카알라일이 말하는 영웅으로서의 시인도, 로마 사람들이 말한 예언자로서의 시인도 다 이 부류에 속한다. 작품의 의도가 그렇게 민중의 선동 내지 선도를 지향하는 경우도 있고, 작품은 물론 그 작가의 생활 자체가 어느 의미에서는 타인에 대하여 <모범적>인 경우도 있다. 작가는 또한 사회에서 스승으로 환영될 수도, 온건치 못한 사상의 소유자로 혐오될 수도, 기발한 착상의 천재로 경탄을 받을 수도 있다. 여하튼 작가의 사업과 그 사업에 대하는 그의 태도에 따라 그의 타입을 관찰할 수 있는 것이다.

작가 자신을 떠나서 작가를 둘러싸고 있는 일반적 여건을 연구하는 것도 작가 사회학의 과제다. 작가의 사회적 지위를 보장하고 있는 제조건, 이를테면 <글 쓰는 사람>에게 보통 주어지는 직업의 종류, 수입의 원천 등이 문제가 된다. 군인이나 고급 공무원의 직분과 평상시의 작가의 직분은 같은 계열의 것이 아니다. 작가의 사회참여의 방법은 그런 까닭에 많이 한정되기 마련이다. 작가가 상업에 종사하지 않는다면 그가 누리는 존경과 명예는 상인이 누리는 그것과 다른 종류의 것이다. 그러나 대포집과 다방을 경영하는 작가는 간혹 있다는 말이 들린다. 이런 직종이 작가의 생계 유지책으로 어느 정도 납득이 되는 사회적 배경은 어떤 것인가? 동서양을 막론하고 상당수의 작가는 교사의 직을 가지고 있다. 교직은 수입이 비교적 적은 직종인바, 적은 보수를 감수하는 것은 작가의 기능과 교사의 기능에 상호 일치점이 있는 까닭인가? 또는 사회가 작가에게 주로 교직 이외의 직종을 주는 데 있어 인색한 까닭인가?

  사회적 통제를 위한 각종 제도의 압력 관계도 알아볼 만한 과제이다. 현재 한국의 여론 조성 과정이 작가의 활동 범위를 어떤 형태로든 제한하는 것이 사실이다. 많은 대중 교양지는 한국의 중류 이상의 식자 계급의 여론을 조성하는바, 이들을 발판으로 삼는 작가들의 활동은 그 대중 교양지의 편집 방향에 어느 정도 부합되어야 한다. 또 한편, 한국적 의식을 통일적으로 배양하기 위한 국민 교육이 작가를 자극 또는 제어하는 구실을 한다. 사제관계, 학벌관계 등도 사회적 통제의 일종인바, 이들이 작품활동에 미치는 영향도 문제가 될 수 있다. 마찬가지로 <문총>, <예총>, <100인 문학회>, <시인협회> 등의 문화·예술인의 조직체도 창작활동에 영향을 아니 준다 할 수 없다.

  사회생활의 여러 가지 메카니즘과 기술의 영향도 작가의 사회적 여건이 된다. 고속 타자기와 인쇄기의 등장으로 작품의 상품화 과정은 대단히 신속하게 되었다. 라디오와 텔레비젼 방송은 작가의 활동에 다른 양상을 가져다주었다. 연속극, 10분극 등의 새로운 장르의 개발은 전적으로 매스 미디어의 보급에 따라 생긴 것이다. 상당한 문학적 재질이 광고 문안이나 씨엠송 제작에 낭비되었는지도 모른다.

  수요 공급의 메카니즘도 작가에게 어떤 작극 또는 제약을 가져다주기 마련이다. <100만원 현상 장편소설 모집>은 현재 상당히 유행하고 있는데, 그것은 일반 독자의 진정한 수요를 나타내는 것인가, 또는 사회기관이 작품의 상품화와는 다른 목적에서 조성한 <가수요>인가? 이러한 가수요에 대한 공급은 진정한 수요에 대한 공급과 어떤 차이가 있는가? 일반 독자층은 가수요에서 진정한 수요로 옮겨가는가? 이런 관점에서 볼 때 작가는 독립된 창작가라기 보다는 상품의 프로모터와 합작하는 사업인 이다.

더욱 중요한 문제는 작가들이 처하고 있는 시대의 경제 문화적 환경이다. 굉장히 범위가 넓은 문제이다. 현재를 규정해야 하는 작업이 선결 문제인 까닭이다. 현재의 한국은 권력경제주의, 독점자본주의, 국제정세하의 피해의식, 현실향락주의, 극단적 이기주의, 고식적 외국 모방 풍조 등등, 위기의식의 면에서 규정지을 수도 있고, 미래지향적, 한국적 정신의 개발, 자유주의, 민족단일체 의식, 발전도상국, 민주주의 지향적, 고도의 교육수준이 보이는 문화적 역량 등 낙관적인 측면에서도 규정될 수 있다. 이러한 규정을 근거로 하여 거기에 반응하는 작가의 형태를 고찰하는 것이 이 과제이다. 예를 들자면, 향락주의의 범람 속에 처한 어느 작가를 고찰하자면, 우선 사회학적으로 향락주의의 한국적 원인, 형성과정, 현황, 영향 등을 밝히고 거기에 반발, 또는 영합 또는 무관심하는 사회적 전형으로써의 작가를 살펴보는 것이다.

(3)문학적 소재로서의 사회의 여러 양상

사회의 여러 양상은 문학의 소재가 된다. 거꾸로 말해서, 사회상을 표현 또는 모방한 작품에서 한 시대의 사회상을 추출해 낼 수도 있는 것이다. 이 부문이야말로 재래의 문학의 사회학적 연구의 총아가 되어 왔다. <궁중소설에 나타난 궁인의 사회상>과 같은 무척 흔한 형식의 문학 연구 말이다.

사람은 사회적 존재이고, 따라서 사람을 소재로 하는 일체의 작업은 사회학적 의의를 가질 수 있다. 테느가 유독 문학적 기록에 나타난 자료를 가지고 각 시대의 사회상을 재구성하려고 시도한 이래, 문학의 역사 사회학적 자료로서의 가치는 널리 인정되는 터이다. 그러나 특정한 개인의 상상력의 소산인 허구를 가장 근본적인 테두리로 삼고 있는 문학이 외부의 사회상과 혹종의 관련을 갖고 있음은 확실하나, 그것이 액면 그대로의 반영이라고 볼 수는 없는 것이다. 해리 르빈의 말대로 하자면 그것은 반영이 아니라 굴절이다.[9] 더군다나 이 굴절은 한 작품이 감상되는 시대마다의 <대기>의 밀도가 일정치 않음으로 해서 그 각도를 확정할 수 없으니, 작품 속의 사회와 실사회와의 관계를 정확히 측정하기란 곤란하다. 분명히 문학의 자료적 가치는, 이를테면 <이조실록>의 가치와 비교도 할 수 없다.

문학의 허구를 어떻게 딱딱하고 무의미한 사실로 전환시키는가 하는 방법론상의 문제가 안 일어날 수 없다. 이것은 사회 윤리주의 비평가가 해결하도록 노력해야 할 문제임에도 불구하고 늘 외면된다. 진정한 사회학적 연구라면 문학을 사실로 치환(値煥)하는 방법은 먼저 확정해야 할 큰 문제가 아닐 수 없다. 그리스의 호메로스 시대처럼 문학적 기록 이외에 별다른 기록이 없는 시대에 대한 연구야말로 그런 방법론의 확정을 요구한다.

최근 서양의 일부 학자들은 문학적 허구의 <사실굴절도>를 측정하는 방법을 꽤 많이 생각해 내고 있다. 고고학, 비교종교학, 인류학 등의 도움과, 사회학의 방법의 하나인 소위 <내용분석>으로 그 일을 해내려고 시도 중이다. 그러나 <내용분석> 자체가 아직 방법론의 통일을 이루지 못하고 있는 형편이다.[10]

---

9) Harry Levin, 214면.
10) 내용분석, 즉 content analysis 는 "research into the overt and

여하튼 허구는 그 시대를 정확히 반영하는 거울은 아니다. 우리 나라의 경우, 향가가 암시하고 있는 신라의 사회상은 <삼국사기>등 역사서에 명기된 사회상과의 상보적 관계를 확정짓기 전에는 함부로 신라의 사회상에 대한 도큐멘트로 취급하기를 주저해야 한다.

엄격히 말하자면, 작품에 나타나는 사회상은 한 사회에서 어떤 특정한 그룹을 형성하고 있는 일부 인텔리겐챠가 보는 사회상과 관계가 있다. 이러한 점을 잊지 않아야 한다. 그런 의미에서 작품에 나타난 사회상을 연구한다는 것은 <사회의식사>라는 사회학이 중요한 분야가 된다고 할 수 있다.

그러나 사회학적 방법을 터득한 비평가는 작품을 다룰 때의 위험을 인식하고 있어야 한다. 그런 비평가는 대체로<사회학적>이라고 규정지을 만한 문제만을 다루는 경향이 있는데, 문학은 직접적으로 사회학적인 요소만으로 되어 있는 것은 아니다. 또 사회학적 요소들이 언제나 가장 중요한 것도 아니다. 문학에는 현실 사회에서 보는 바와 같은 거시적 사회상보다도 세밀하고 내면적이고 개인적인, 즉 미시적 사회현상이 보다 많이 취급된다는 것을 알아야 한다. 사회학자는 생리상 거시적인 데에다 눈을 돌린다. 그런 까닭에 사회학적 방법을 가진 학자가 고독한 개성의 서정시를 자기의 연구 목적을 위해서는 무가치한 것으로 간과하기가 무척 쉽다. 그러나 짧은 서정시의 고백, 고독한 문필가의 내면 통찰, 민감한 개성적 자연묘사, 사회적 도큐멘트로서는 무가치한 소설 속의 대화, 이질적이고 반사회적인 작가의 태도 등은 실상 문학의 근본적 가치를 형성하는 요소들인바, 이들이 간접적으로 암시하고 있는 사회적 의미를 캐어내는 방법도 아울러 개발해야 한다는 것이다. 여기서도 <

---

implied subject matter of a communication"이라고 로웬탈은 정 의하고 있다. 전달된 내용에 대한 계량적 체계화의 방법이다. Lowenthal, 95면.

내용분석>의 방법을 응용할 수 있을 것이다. 문학은 일종의 의사전달이라는 사회 현상이고, 이를 내용적으로 분석하는 것은 의사전달의 분석이라는 사회학적 처리가 된다. 결국 외부의 사회상이 민감한 개인(작가)의 내면으로 파고 들어간 형태가 다시 표출된 것이 작품의 미시적 사회상이라고 할 수 있다. 개인의 감정 및 사상의 습관을 연구하는 것이야말로 사회상 파악의 심도를 기할 수 있는 길이다. 이렇게 보면 사회학적 문학의 해석은 <지식 사회학>의 한 분야가 된다. 「문학적 테마와 문체로 이루어진 개인적 방정식이 곧 사회적 방정식으로 전환된다」고 로웬탈은 말하고 있다. 11)

(4) 문학의 전달과 공급

문학을 전달하고 공급하는 일은 물론 사회적 활동이다. 세상에 독자 또는 청중을 의식하지 않고 창작된 작품은 없다. 가장 내밀한 일기, 수기 등의 아류문학에 있어서도 필자가 문법, 문체, 표현을 고려하여 수정, 삭제, 첨가, 개필을 하는 것을 보면 일기, 수기들도 어떤 <이상적> 독자를 상대하려는 의도가 있었음이 분명하다. 이리하여 사회학적 비평가는 소위 <독자사회학>이라는 연구분야를 얻게 되는 것이다.

독서가 사회에 미치는 영향을 연구하는 일, 즉 의사전달의 연구를 진행시킴에는 다음의 몇 단계를 거쳐야 한다. 첫째로 사회 전반의 현상이 저작 및 독자층에 주는 영향을 규명해야 한다. 통념상 우리는 전쟁시보다 평화시에 작품활동이 활발하고 질적으로도 향상된다고, 바꾸어 말하면 독자의 수가 많다고 믿고 있는바, 이것은 어디까지 진실인가를 구체적으로 밝힌 적은 없다. 경제적으로도 번영기와 공항기에 각각 문학의 수요 공급의 변동이 있을지 모른다. 또한 문학의 질, 형식, 소재는 사회현상에 따라 어떻게 변하는지 알아볼 만하다. 6·25 사변

---

11) 위 책 99면.

중에 문학에 대한 요청이 줄었던 것은 단순히, 또 단지 전쟁이라는 당장 눈앞의 사태가 문학이라는 비현실적 오락을 위한 시간을 허용하지 않았다는 상식적 설명만으로 족한가? 우리는 그 이상의 이유를 캐낼 필요는 없는가? 인쇄 및 출판 수단의 파괴, 작가의 전시 동원, 창작 작업을 위한 최소한의 시간, 공간적 여유의 부재 등 물리적 조건은 우리가 너무도 쉽사리 간과하는 요건들이다. 엘리어트나 에즈라 파운드가 1차 대전 중에 현대 영시를 <발명>했다는 사실은 전쟁이 반드시 창작의욕을 약화시키는 것은 아님을 시사한다고 볼 수 없을까? 1920, 30년대의 일제 암흑기에 우리의 피폐결핵성의 문인들이 현대 한국문학을 <창건>한 사실도 잊지 말아야 한다. 그들은 사회적 진출이 매우 어렵던 시절에 일종의 사회적 성공을 거둔 셈이다.

그밖에 독서물의 공급관계, 출판업계, 발행부수, 단행본과 잡지의 경쟁간계, 각종 도서관의 열람 및 대출 상황 등등은 모두 문학의 사회적 영향을 구체적으로 가늠하기 위한 자료가 될 것이다.

다음으로, 창작과 창작물의 보급에 관한 사회의 법률적 규제가 미치는 영향을 생각해야 한다. 우리 나라에서 원고료에 대한 과세를 대폭 인하 내지 폐지한 것은 꽤 오래된 일이다. 그 목적은 작가의 수입 원천을 보호하여 그로 하여금 보다 나은 작품을 내도록 하여, 결과적으로 문학에 의한 국민생활의 윤택을 기하려는 것이었던 만큼—그런 목적이 아니라면 원고료 면세의 특전은 국가적으로 무의미할 뿐 아니라 불공평하다—그 법령의 시행이래, 과연 국민은 더 좋은 문학적 혜택을 입고 있는가? 바꾸어 말해서, 작가는 보다 나은 작품을 생산하고 있는가? 이런 종류의 문제는 아직 한 번도 제기된 적이 없다.

국민의 세금으로 공공도서관의 관리, 독서주간의 설정, 출판윤리위원회의 운영 등이 가능한데, 이러한 사업들로 말미암아 작품의 생산과 국민의 독서 경향이 어떻게 변모하는지도 생각해 볼 만하다.

가까운 이웃 일본의 가와바다가 노벨 문학상을 받자 한국 작가들 사이에 가슴이 두근거린 이들이 없지 않았겠고, 창작의 욕이 자극된 실례도 있었을 것이고, 일부 식자층에서는 창작계를 향하여 노벨상 수상에 의한 국위선양을 성급히 촉구하는 일도 실제로 있었다. 스포츠뿐 아니라 문학예술도 국위선양을 할 수 있다는 의식이 문화공보부 당국 안에 싹텄는지도 모른다. 그것이 문예 중흥책에 간접적으로 반영되었는지도 모른다.

노벨상 논란으로 말미암아 한 가지 확실해진 것은 번역문학의 필요성에 대한 인식이다. 모르기는 하지만, 일부 작가들은 영어 또는 기타 외국어를 통하여 세계의 독자를 상대해야 한다는 확대의식을 경험할 수도 있다. 작품이라는 생산품의 중개인으로서의 번역가의 위치가 새로 대두한 것은 국어 작가나 외국어 문학연구가 사이의 거리를 좁혔다. 앞으로 국내 독자들은 보다 많은 노벨상 후보작품을 대할지도 모른다. 이와 같이 간단한 사건도 독자 사회에 중대한 영향을 끼칠 수 있음을 명확히 깨닫고 있어야 한다.

그밖에 출판업자들의 상업적 전략과 같은 <조작적 통제>가 또한 독자에게 영향을 크게 미친다. 서적 광고술, 판매술 등의 발전은 최근 놀라울 정도이다. 책의 인쇄, 장정 및 제본에 특별한 배려를 하게 된 것은 비교적 최근의 일이다. 전집물 또는 시리즈물의 출판 역시 대량 보급을 위한 새로운 방법이다. 장서가 또는 실내장식에 유의하는 부르조아의 구색주의 또는 허영심에 어느 정도 호소하는 것이다.12) 자신의 전집물을 출판 보급하는 작가는 독자의 약간의 비문학적 동기를 이용하는 상술로 쓰고 있는 셈이다. 비평가가 가장 흥미를 느낌직한 문제

---

12) 호화주택의 응접실에 티크 책장을 놓고 장정이 찬란한 전집물을 가 지런히 꽂아 집안을 장식하는 것은 최근의 유행이다.

는 그러한 비문학적 동기가 작품 자체의 성격 및 가치에 어떤 영향을 끼치고 있는가 하는 점이다. 또한 전집물의 유행에 따라서 동계열의 작품을 대량 섭취하는 독서 경향이 생기지 않았는가도 따져볼 만한 일이다.

 국가 또는 강력한 사회단체의 출판물 검열은 물론 가장 중요한 직접 통제수단이다. 일부 서양국가에서는 가톨릭 교회의 <금지된 서적 목록>이 전 세기까지도 상당한 통제력을 갖고 있었고, 따라서 일반 민중의 독서 경향에 영향을 크게 주었다. 작가가 부과된 금서 기준을 의식적으로 어길 때, 그는 반항 또는 저항의식에서 창작을 하는 까닭에 작품은 특수한 양상을 띠게 된다.

 일제시대에 출판물의 허가 범위가 차차 좁아 들면서 현실 비판적 또는 저항적 내용의 작품이 자연 줄어들었던 것이 사실이다. 일반적으로 한국 현대문학은 일본의 강압적 치하에서 명맥을 유지했던 까닭에 저항 및 비판의식은 전개되기 힘들었다. 해방 후에는 국토 양단의 현실로 말미암아 강한 저항 또는 비판은 양쪽에서 다 정치적 제재를 받은 까닭에 유럽식의 저항문학은 성장하지 못한 듯하다. 따라서 한국의 독자는 간혹 작품에서 강렬한 비판 또는 저항의식을 대변할 때 대체로 당황한다. 단적으로 말해서 저항문학은 한국에서 환영받지 않고 있다. 사회적 여건이 국민의 폭넓은 문학적 성장을 저해한 셈이다. 또 역사소설, 그것도 정사(正史)소설이 대대적으로 환영받는 것도 개인적 저항 및 비판의식이 이미 정해진 역사적 사실에 침투할 가능성이 적다는 이유에서 일제하에서나, 국가보안법상으로나 쉽게 용납된 까닭에서이리라. 이상은 모두 가설이니까 사회학적 비평가가 세밀히 입증 또는 반증할 문제들이다.

 <비공식적 통제>도 고려의 대상이 된다. 서평, 방송좌담회, 공개논단, 문학적 화제들이 독서경향, 따라서 작품의 성공에 영

향을 끼치는 사실도 주의해 볼만하다. 신문 문예란의 월평에 오르내리는 작가들은 대개 <행복한> 소수이고 독자의 독서 경향은 불행히도 그들에게만 쏠리기 쉽다. 선의이든 악의이든 간에 월평, 서평 등은 독서층에 대한 통제수단인 것이다.

이상에서 우리는 문학의 사회학적 연구가 주어질 수 있는 문제들을 예거하였다. 사회학은 객관적 또는 적어도 객관적이려고 애쓰는 과학으로 자처하는바, 사회학적 방법론에 의거한 문학 연구는 다분히 과학적 면모를 띨 것이다. 이 분야는 우리 문학 연구가들이 별로 시도하지 않는 분야인 까닭에 위에서 꽤 다양하게 논술하였다.

2. 사회·윤리적 방법

다음으로 우리는 문학의 사회·윤리적 측면을 연구하는 방법을 고찰키로 한다. 윤리라는 말이 달갑지 않다면, 사회사상, 이념, 정신문화, 교양, 이데올로기 등 다른 이름을 사용해도 좋다. 민족문학, 참여문학, 인도주의 문학, 저항문학 등도 다 여기에 속하는 개념들이다.

사회·윤리주의 비평가가 문학을 대하는 근본 자세는 다음 여러 가지 면에서 관찰할 수 있다.

(1) 사상적 내용의 우위

사회·윤리주의 비평가는 문학작품의 기교와 형식은 기왕에 <주어진 것>, <으레 있는 것>으로 간주하는 경향이 있다. 작가의 독특성을 조성하는 것은 그의 기교나 형식이라기 보다는 사상적 내용이다. 한 작가가 무엇을 말하고 있는가에 따라 형식과 기교는 거의 저절로 결정된다고 보는 것이다. 즉 사상의 종류, 질, 적용범위 등에 따라 작가의 기초 수련 사항인 형식과 기교가 거기 어울리게 마련이라는 것이다. 한 작품의 메시지는 그 전달 수단에 구애되지 않고 그대로 메시지로 남는다. 단적으로 말하면, 내용과 형식은 구별될 수 있고 또한 내용은 형식보다 가치의 면에서 우위에 있다.

따라서 장르의 엄밀한 구분은 무의미하게 된다. 선조 때의 박인로의 <태평사>를 외국을 배척하고 중국을 사모하며 아울러 이씨 조선을 아끼는 애국적 작품, 즉 정치적 발언으로 간주할 때, 그것이 정송강의 <성산별곡>이나 <관동별곡> 같은 <오락적>인 시가와 더불어 꼭 같은 가사 장르에 속한다는 것은 우연한 사실일 뿐이다. 보다 중요하고 의미 있는 사실은, 박인로의 작품은 정치윤리라는 무게 있는 내용이 담긴 데 반하여 <관동별곡>은 비교적 무게가 없다는 크게 대조적인 사실인 것이다. 어떤 사람은 한 걸음 더 나아가 <관동별곡>은 양반계급의 전근대적 의식이 담겨있는 반동적 작품이라고 할지도 모른다.

사회·윤리주의 비평가들이 대체적으로 소설문학을 애호하는 것은 소설이 혼합 장르로서, 장르의 규칙이 가장 모호하고 눈에 띄게 자질구레한 형식적, 기교적 요소가 적고 또 내용의 양식적 풍부를 기할 수 있다는 까닭일 것이다. 일반 독자에게 있어서도 한편의 <유익한> 소설을 읽고 났을 때 남는 것은 주로 그 메시지이다. 따라서 독자들이 어떤 소설에 대하여 논의할 때에도 논의의 중심은 그 사상적 내용이다. 작품의 내용적 요소에 중점을 두기 위해서도 형식과 내용을 인위적으로 분리시켜야 하고 또 내용의 우위성을 확보하기 위해서 형식적 내지 예술적 요소를 무시해야 한다는 것이 사회·윤리주의 비평의 방법인 것이다.

우리는 작품의 사상성이라는 말을 자주 한다. 첫째로는 한 작품 속에 사상이 들어 있느냐 아니냐로 그 작품이 논의할 가치가 있느냐 없느냐가 결정된다. 다음으로는 그것이 중요한 사상이냐 아니냐를 따지게 된다. 작품의 질은 그 사상의 질에 직결되어 있으므로 중요한 사상을 내포한 작품이 중요한 작품이 될 가능성이 많다. 아무리 사상적 내용이 풍부하다고 해도 사소한 또는 천박한 또는 사악한 사상에 의존한 것이라면 위대한 작품이 될 수 없다. <사상>이라는 낱말 자체가 벌써 <중요한 생각>이라는 가치 판단적 의미를 내포하고 있다. 극단적인 사회·윤리주의 비평의 입장을 따르자면 심각하지 않은 것은 문학이 아니다. 또한 작품에서 심각한 의미를 찾아내는 것이 비평의 목적이다. 모름지기 엄숙한 것이 문학이요, 비평이다.

 그러나 형식과 기교의 요소를 간단히 무시해 버리기는 어려운 일이다. 진지한 내용을 전달하고자 하는 진지한 의도가 있을 때, 형식과 기교는 저절로 따르게 마련이라는 톨스토이의 형식낙관론은 확실히 잘못된 데가 있다.13) 작가라면 누구나 최소한 몇 번쯤은 진지한 태도로 작품 창작에 임하는 것이 틀림없지만, 그때마다 그 진지한 의도가 그대로 잘 전달되는 좋은 작품이 생산된 것은 아니다.

 최근에 어느 비평가가 <민족문학이냐, 좋은 문학이냐>라는 흥미로운 제목하에 글을 쓴 일이 있다.14) 민족의식을 고취하는 의도를 가진 작품이 반드시 좋은 작품은 아니라는 견해인데, 이 때 <좋은 문학>의 <문학>은 <민족문학>의 <문학>과는 서로 상치되는 개념이다. 전자는 형식주의의 문학이요, 후자는 윤리주의의 문학이다. 문학의 예술성과 윤리성을 대치시켜 놓고 논쟁을 벌이는 일은 비단 우리 나라뿐만 아니라 동서양 어디서나 예로부터 있어 왔다. 문학을 대하는 근본 태도가 다른 까닭에 아무 쪽에도 특별히 잘못된 것은 없다고 볼 수 있다. 그러니까 승부가 나지 않는다. 문학을 대하는 태도는 대개 개인

---

13) 소위 작가의 진지성(sincerity)의 문제는 휴머니즘 문학관의 대두 이래 지금도 논의되는 중요 문제이다. 톨스토이의 견해는 그의 <예술론>(계용묵 역, 서울, 휘문사. 1956), 제 15장에 집약되어 있다.
14) 이형기, <월간문학> 1970년 10월호, 201~209면.

적 신념에 좌우되는 것이지만, 그것이 또한 문학적 현상을 처리하기 위한 방법론의 선택이 된다는 사실도 충분히 감안해야 할 것이다. 그러므로 우리가 사회·윤리적 측면에서 문학을 운위할 때 우리는 문학의 예술성의 측면을 방법론을 이유로 해서 잠시 떠난다는 것을 의식해야 한다.

(2) 윤리적 발언으로서의 문학

모두들 알고 있듯이, 엘리어트는 현대 형식주의자의 선배이다. 시와 개성, 시와 감정, 시와 신념을 분리시켜 생각한 것은 그의 형식주의적 예술, 비개성론의 확립을 위한 방법론적 프로그램의 일환이었다고 볼 수 있다. 그러나 그는 생애의 후반기로 들어오면서 다음과 같이 문학의 윤리성에 대한 그의 태도를 천명하였다.

> 「문학의 위대성은 순전히 문학의 기준만으로는 확정될 수 없다. 단, 한 저작물이 문학인가 아닌가 하는 것은 순전히 문학적인 기준만으로써 확정할 수 있음을 잊지 말아야 한다.」[15]

이 말은 무척 조심스레 따져 보아야 할 말이다. 문학작품은 순문학적 고찰 이외에 또 다른 소지를 갖고 있음을 밝히는 발언이며, 또한 방법론의 구별을 주장하는 것으로도 해석할 수 있는 말이다.

여하튼 문학의 위대성을 고찰할 때, 우리는 벌써 도덕 및 종교 사상의 영역에 들어가 있는 것이다. 윤리주의 비평가는 어떤 작품이 인류의 문화와 더불어 영속하는 것은 그것이 도덕적인 까닭이라고 믿는다. 도덕은 한 사회의 문화적 구조의 정신적 지주이다. 그것은 개인의 정신생활에 있어서 시시각각으

---

15) T. S. Eliot, *Selected Essays*, 388면.

로 어떤 방향의 선택을 요구한다.

  그러나 여기서 도덕이라고 하는 말은 일정한 교리나 교조만을 뜻하지 않는다. 비평가에 따라서 보다 교리적일 수도 있으나, 편협과 독단이라는 비평의 적을 멀리하기 위해서도 도덕의 의미를 넓게 잡는 것이 좋은 방법이 된다. 문학의 유일무이한 관심사는 인생 자체이고, 인생의 경험에 대한 가치 판단적 반응을 나타내는 것이 문학에게 도덕성을 부여하는 요인이라고 본다면 이것은 상당히 포괄적인 관점이다. 정송강의 <경민가>만을 도덕적으로 보는 것이 아니고 김소월의 <산유화>에서도 그 도덕성—즉 인생에 대한 가치 판단적 반응—을 해석해 내려는 태도는 폭넓은 지성을 뜻한다.

> 「간밤에
> 뒤창 밖에
> 부엉새가 와서 울더니
> 하루를 바다 위에 구름이 캄캄
> 오늘도 해 못보고 날이 저무네」[16]

  일반 독자는 이 시에서 애상적 감정을 느끼는 것으로 그치기 쉽다. 시어에 관심이 있는 사람은 그 애상적 분위기를 조성하는 이미지—밤, 뒤창, 부엉새, 울더니, 캄캄, 해 못 보고, 저무네 등의 암시성 강한 나열에 주의할 것이다.

  그러나 윤리적 비평가는 다음과 같이 해석을 하기도 한다.

> 「이—작품에는 <부엉새가 와서 울더니, 하루를 바다 위에 구름이 캄캄>하여 우리 나라 사람들이 비록 유자(儒者)의 가정이라 해도 늘 많이 별 비판도 없이 꾸리고 오던 불교적 인연설의 흔적이 보이거니와, 이런 이치라도 깊이 캐물어 차라

---
[16] 김소월, <부엉새>.

리 한용운 선사같이 중이나 되었더라면 소월의 이 한은 씻어졌을 듯도 하다. 그러나 그는 불행히도 서양류의 심미주의의 맛을 어느 만큼 가했을 뿐인 한 사람의 한 많은 유교류의 휴머니스트였다.」17)

  이 비평가는 윤리적 요소가 별로 눈에 띄지 않는 위의 작품에서 유교와 불교 및 탐미주의의 태도들을 읽어내고 있다. 유교 불교, 탐미주의는 모두 윤리·종교적 사상이다. 또한 위 작품의 작자(김소월)와 다른 시인(한용운)을 비교하여 그 사람됨에 있어 전자가 윤리적 열세에 놓여 있음을 이 작품 자체를 가지고 증거 한다.
  이와 같이 윤리적 비평가는 작품에서 인생에 대한 가치판단적 반응을 파헤쳐 내고 그 반응의 우열을 가름하기까지 한다. 그러나 이러한 해석방법에 대해서는 논란이 없지 않을 것이다. 불교, 유교, 탐미주의, 한용운 사상을 끌어들일 소지가 도대체 어디에 있는가? 같은 비평가의 김소월 작 <산유화>에 대한 도덕적 해석 역시 같은 문제를 안고 있다.

「산에
 산에
 피는 꽃은
 저만치 혼자서 피어 있네.」

「온갖 진선미의 뜻을 담고 있는 이 <저만치>라는 말은 그 아랫말 <혼자서>와 겹함으로써 우리 나라 고고한 수세의 난처한 아름다움을 방불하게 곁들이고 있어, 우리는 여기서 이 난처한 꼴을 난처하게 고운 사람—그 중에서도 난처하게 고운 우리 나라 사람같이 아니 느낄 수가 없는 것이다.」18)

---

17) 서정주, <한국의 현대시>, 103면.

이 비평가는 <저만치>라는 말의 여운에서 <우리 나라 사람의 고고한 수세의 난처한 아름다움>을 끌어내고 있다. 넓게 말해서 <산유화>는 민족의 근본정신을 읊은 일종의 애국시라는 것이다. 애국은 주지하다시피 대단히 중요한 윤리적 태도이다. 이리하여 <산유화>는 윤리시가 되는 것이다.

이 해석에 대하여, 짧은 서정시에다 지나치게 무거운 의미의 짐을 지워 놓았다는 이의가 있을 수 있다. 작품의 인생론적 의미를 깊이 천착하는 점에 있어서는 윤리적 비평이 강점을 가지나, 그것이 지나치든가 비뚤게 나갈 때 그 약점이 드러난다.

이러한 약점에서 탈피하기 위해서는 비평가는 윤리의식뿐 아니라, 예리한 분석력과 판단력이 필요하다. 즉, <산유화>의 매끈한 표면이 굳어져 형상화되기 이전, 그러한 정서의 문화적 전통, 즉 표면에 씌어진 낱말들—산, 꽃, 새, 꽃의 피고짐—의 전통을 분석해야 할 것이다.19)

즉흥적인 윤리적 반응은 우스꽝스럽다. 그러나 우리는 아직도 표면을 꿰뚫고 분석하는 방법을 발전시키지 못하고 있다.

윤리비평가는 문학을 <도덕적 실험>으로 본다. 인류가 가지고 있는 성문 또는 불성문의 도덕적 상념들은 가상의 구체적 상황에서 실험하여(그게 허구다) 제시하는 것이다. 이 실험을 통하여 어떤 도덕적 통념이 도전을 받기도 하고 새로이 긍정될 수도 있다. 그 도전 또는 긍정의 합당성과 가치를 판별하는 것이 윤리적 비평이고, 그 판별에 있어 즉흥 이상의 방법론이 요청되는 것이 한국적 현실이다.

(3) 문화적 전통 속의 문학

---

18) 위 책, 116면.
19) <산유화>의 비유 체계의 해석에 관해서는 필자의 <한국 현대시의 미학적 구조의 변천과정(Ⅰ)>, <연세논총> 7집 부록(연세대학교 대학원, 1970), 425~426면 참조. <꽃>과 <새>는 확실히 동양화의 花 鳥의 모티브와 관계가 있다고 본다.

위에서 언급한 바를 부연할 필요가 있다. 작품에 구현된 문화적 전통은 사회·윤리 비평가가 가장 관심을 가지는 측면이다. 한 사회는 문학에 대하여 특정한 소재를 제공할 뿐 아니라 집단의 정신 문화에 영향을 준다.

문화적 전통이라는 말을 우리가 흔히 사용하거니와, 이 말은 엄밀히 분석할 때 두 가지 의미를 가지고 있다. 첫째로 문학 자체 내의 전통을 뜻한다. 장르나 기교, 기타 문학적 관습은 문학 자체 내의 전통이다. 역사주의 비평가는 특히 이들의 문학 내에서의 발전과 변모를 중요시한다. 그러나 사회·윤리주의 비평가는 이들 역시 일반 사회의 문화적 전통의 일면임을, 즉 사회정신의 상징적 표현임을 주장한다. 소설은 평민 또는 중산 계급의 정신을 구현하는 장르라는 이론을 우리는 자주 듣고 있는바, 그것은 장르의 사회성을 주장하는 사회·윤리주의 비평가의 견해이다. 그러니까 서사시가 자연스럽게 또는 우연히 소설로 전환했다고 믿는 것이 아니라 영웅시대, 즉 과두 귀족시대에서 중산층의 시대로의 변화가 문학 장르상으로서는 서사시에서 소설로의 전환을 수반했다고 보는 것이다. 귀족, 중산은 정치, 경제학적 개념들로서, 다분히 윤리적 의미를 갖고 있다. 양반 계급의 허균이 산문소설인 <홍길동전>을 썼다는 사실을 사회·윤리 비평가는 그의 서민적 윤리관에 귀착시킬 것이다. 허균은 상당히 어려운 윤리적 결단을 했다고 볼 수 있다. 소설 장르를 택했다는 사실 자체가 그의 <윤리적 결단>을 나타내는 것이다. 현대의 <의식의 흐름>의 소설은 사회주의자들에 의하면 퇴폐적 귀족주의자의 장르이다. 사회주의자에게 있어 귀족주의는 윤리적으로 악한 태도이다. <의식의 흐름>의 소설은 <퇴폐한 악>이니까 앞으로 저절로 사라질 것이고 또 마땅히 사라져야 할 장르이다. 이와 같이 사회 비평적 입장에서 각각 제나름대로 우리 나라의 시조, 가사, 자유시 등 장르의 사회 문화적 의미를 말할 수 있을 것이다.

문학적 전통이라는 말의 또 다른 의미는 문학에 의하여 표현되는 사회의 문학 자체이다. 예컨대 한국 민족정신 같은 것 말이다. 민족문학은 바로 한 민족의 문화적 전통을 구현한다. 한국 문학에 있어서 민족문학은 유럽식의 종교 문학, 앙가쥬망 문학, 퇴폐주의 문학과는 상관이 없다.

문학을 정신 문화의 일환으로 보는 사람은 문학 비평가이자 문화 비평가이다. 최근에 이르러 문화 비평으로서의 문학의 기능을 많이 운위하는 경향이 있다. 문학 자체가 인생 비평이며, 따라서 문화 비평이고, 문학 비평도 결국 인생 비평, 문화 비평이 된다는 생각이다. 다음 어느 비평가의 현대문학에 관한 논의의 일절은 확실히 현대 문화 자체에 대한 비판을 겸하고 있다.

「쉬펭글러는 <현대는 과거에 대한 환멸이요, 미래에 대한 실망>으로 보고 있었다. 꼭 세계가 그가 꿰뚫은 것처럼 비관적인 것은 아니라 할지라도 적어도 비관적인 그림자가 어른거리고 있는 것만은 틀림없다. 세계의 이성과 인류의 이지는 현대가 미래에 대한 실망이란 말을 거부하려고 필사적인 노력을 하고 있다. 혁명만이 유일한 종교요, 철학인 공산주의가 세계를 휩쓴다면 인간사회는 동물의 질서를 따라갈 것이며 계급투쟁은 끝없는 유혈과 인간의 정신을 파괴할 것이다.」[20]

이 비평가는 문화 비평가 쉬펭글러를 인용한다고 해서만 문화 비평가의 면모를 지니는 것이 아니고, 실제로 공산주의의 문화적 의의를 그 나름대로 말하고 있다. 그는 문학뿐 아니라 인류 문화 전반에 걸쳐 관심과 통찰을 가지고 있다고 할 수 있다.

---

[20] 이철범, <언어, 민족, 이데올로기> <평론선집 2>(신한국문학전집 49, 서울, 이문각, 1970), 248면.

그러나 일면, 이런 종류의 발언은 상식적이 되기도 쉽다. 문화에 대한 인식은 지식인의 필수 휴대품이다. 정치, 경제, 사회, 종교 등의 분야의 이름난 저술, 또는 그 상식적 요약인 저널리즘을 통해서 논의의 어휘와 패턴을 습득하기란 때에 따라서는 과히 힘들지 않을 수도 있다.

더 중요한 것은 구체적 작품 또는 작가에서 그 문화 비평적 의의를 가려내는 일인데, 이 일은 아직 우리 나라에서는 높은 수준에 달하지는 못한 듯하다. 외국인의 예를 들자면, 이름난 사회·문화 비평가 라이오넬 트릴링은 프로이드의 어휘를 빌어 쓰면서도 시인 키이츠 이래 현대 유럽 문학의 정신적 특징을 예리하게 꼬집어 내고 있다.

「키이츠는 쾌락의 원리를 가장 용감히 긍정한 시인인 동시에 쾌락의 원리를 가장 성실하게 의문시한 시인으로 간주할 수 있다. 그런고로 그는 우리가 볼 때 특별한 문학적 흥미거리가 된다. 왜 그런고 하니, 현대사회의 어느 지점에서 쾌락의 원리는 석연치 않은 시선으로 의문시되기 시작했던 것이다.

이와 같은 감정의 분단 상태를 정치와 예술의 분단으로 설명할 수 있다. 현대 사회는 부의 충족을 기하려고 애쓴다. 부는 물론 쾌락을 가능케 한다. 우리의 정치 도덕은 이러한 성향에 적극 영합하는 바, 부가 개인과 국가간에 골고루 분배되는 정도를 정치 도덕의 단순하고도 전적인 기준으로 삼고 있다. 그러나 예술과 관련되어 있는 또 하나의 도덕은 부라는 개념이 개재된 일체의 사물을 냉엄히 바라보며 더욱이 쾌락의 원리를 의심쩍게 아주 복잡한 시선으로 바라보는 것이다. 정치와 예술의 두·가지 도덕과 그 둘에 관한 의식이 있는 사람들을 두고 이야기할 때, 동일인이 두 도덕에 다 같이 강한 반응을 보일 수 있다. 문화인으로서, 쾌락의 원리를 자기의 정치적 판단의 근거로 삼는 동시에, 쾌락의 원리에 정반대되는 복잡한 태도에다 자기의 예술적 판단 및 개인적 경험의 판단의 토대를 둘 수도 있는 것이다. 이 분단 상태야말로 우리의 문화적 상황의 가장 중요한 여건을 이루고 있다.」 21)

트릴링은 현대의 문화인이 정치적으로는 부와 쾌락을 원하나 예술적·실존적으로는 내핍과 괴로움을 원하는 모순적 상태에 있음을 20세기의 문제작품들을 분석함으로써 입증하고 있다. 「쾌락을 거부하고, 프로이드의 말을 따르자면 반쾌락에서 만족을 찾는 인간의 본능적 충동」이 있다는 것이다.22) 이리해서 부조리의 문학의 반쾌락에서 20세기의 문화인은 일종의 만족을 얻는 기이한 현상을 보이고 있다. 트릴링의 분석의 결과가 타당한 것인지 아닌지는 더 따져보아야겠지만, 그것으로 말미암아 현대의 문화와 문학의 특질을 보는 새 각도가 발견된 것은 사실이다. 즉 문화 비평의 도구로서의 신 개념을 개발한 것이다. 우리 나라의 사회·윤리주의 비평가들은 해석을 위한 도구로써의 개념의 설정과 그 실험을 수행하는 일이 아직 무척 서투른 듯하다.

(4) 앙가쥬망으로서의 문학 비평

사회의 윤리적 상황을 논하기 위해서는 논의자 자신이 어떤 윤리적 체계 또는 적어도 통일적인 윤리적 태도를 견지해야 한다. 윤리적 입장의 폭이 넓고 좁음은 별개의 문제이다.

문학 작품은 심미적 관조의 대상 이상의 것임을 사회·윤리

---

21) Lionel Trilling, "The Fate of Pleasure," *Perspectives in Contemporary Criticism*, ed., S. N. Grebstein (New york: Harper, 1969), 176~177면.
22) 위 책 179면.

주의 비평가는 주장한다. 따라서 문학을 음악, 미술 등의 자매 예술로 보는 미학적 견지와는 거리가 멀다. 칸트가 말한 예술의 <무목적적 목적성>이라든가 일부 형식주의자가 주장하는 <사심없는 관조>[23]는 부정된다.

비평은 이미 창작된 작품을 이해하고 향유하기 위한 작업일 뿐만 아니라, 오히려 창작의 방향을 제시하는 선도적 작업이다. 비평가는 자기가 믿고 있는 어떤 목적을 작가가 따르기를 강력히 요청하기도 한다. 형식주의자도 작가에게 어떤 요청을 할 수 있지만, 그것은 주로 기교, 형식의 올바른 선택 및 운영에 대한 요청이다. 사회·윤리주의 비평가는 엘리어트가 말하는 <문학의 위대성>을 기할 수 있는 계기를 마련하려고 애쓴다. 그러므로 그는 <위대성>에 대한 논의를 계속하는 것을 주임무로 삼는 것이다. 비평가 자신이 <위대한> 윤리 사상을 <앙가쥬>하여 그것의 전파자가 된다. 위대성의 논의는 작가뿐 아니라, 독자의 태도까지 변화할 것을 요청하기에 이른다. 만일 이 요청에 불응하든지, 만족스럽게 따르지 못할 경우에는 설득이 지나쳐 비난, 질책을 하기까지 한다. 어느 민족문학 고취자는,

> 「<새로운 도시와 시민들의 합창>의 기수 김경린은 장기동면에서 깨어날 줄을 모르고 있으며, 기지력이 왕성한 김규동은 <瓦斯燈>의 김광균처럼 자기의 시재(詩才)를 상재(商才)로 전업해 버렸다.」[24]

기대에 어긋난 작가들을 비난하고 있는데, 민족주의라는 <위대한> 윤리관을 가졌다는 입장이 그러한 비난을 할 수 있는 자격을 준다고 볼 수 있다.

아마도 20세기에 있어서 작가와 독자를 교화하고 이끄는 것

---

23) 소위 "disinterested contemplation."
24) 최일수, <분단의 문학(Ⅰ)> <평론선집 2> 258면.

을 지상과업으로 알고 가장 고조된 논의와 논쟁을 벌인 일파는 사회주의 비평가들일 것이다. 1930년대는 동서양을 막론하고 그들이 비평계를 휩쓸었다. 마르크스 사회주의는 근본적으로는 역사 철학이고 그 적용형태가 정치행위의 강령이다. 그것에서 예술론을 끌어낸다는 것은 근본 마르크시즘과는 상관이 없다. 사회주의의 정치·경제의 행동 강령을 문학적 행위를 규정하기 위한 강령으로 전용할 때, 문학은 사회주의 건설을 위한 푸로파간다에 불과하다. 신축성 없는 교리를 신축성 없게 표준으로 사용한 결과, 셰익스피어의 <폭풍>이 식민주의 정치 이념을 다룬 작품이며, 가장 천대받는 작중 인물인 칼리반이야말로 그 작품에서 최고의 자유주의자라는 기발하고 왜곡된 해석을 낳기도 하였다.25)

단순한 교조주의 문학비평은 1940년 이후 위세를 떨치지 못하나, 사회주의의 역사철학처럼 미래지향적 역사의식을 가지고 문학이 마땅히 지향할 가치를 작품에서 판별하는 방법은 성과가 있다. 과거와 현재의 모든 작품은 모두 어떤 당위의 세계를 바라보는 의미를 갖는다고 보는 것이다. 이른바 투시주의의 방법의 하나이다. 역사의 어떤 필연적 또는 당위적 흐름에 참여하지 않는 작품은 현재의 것이나 과거의 것이거나 간에 무가치한 것으로 판정한다. 따라서 당위의 미래적 입장을 논리적으로 설득력 있게 설정하는 데에 따라 사회·윤리주의 비평가의 역량이 결정된다.

앙가쥬망의 비평가에 있어 비평의 방법이란 주로 자기 입장의 설득력 있는 제시를 위한 <웅변술>의 터득이라고도 할 수 있다. 그는 방법보다도 자기의 미래지향적 신념을 굳히는 인간 수업이 더 중요하다.

일반적으로 문학의 사회참여를 주장하는 것은 사회·윤리주

---

25) Alex Preminger, ed., *Princeton Encyclopedia of Poetry and Poetics* (Princeton Univ. Press, 1965) 169면 참조.

의 비평의 한 과업이다. 1920년대에 말에 있었던 경향문학파와 순수문학파의 논쟁에서 소박한 형태의 사회·윤리주의 비평의 태동을 볼 수 있다. 1930년대에는 친일문학과 민족문학 내지 순수문학의 대립이 있었다.

친일문학은 일본의 군국주의의 푸로파간다를 맡았던 일종의 참여문학임에 틀림없다. 4·19이후 참여문학 논쟁은 활기를 띠고 있지만, 아직도 소박한 테제밖에 내어놓을 것이 없는 것은, 아직도 아무도 문단뿐 아니라 독자에게까지 당위적 미래상을 가르칠 스승이 되지 못한 이유일지 모른다. 사회·윤리주의 비평이 서로 상대방의 인생관과 태도를 비난, 공격, 야유하는 데에 그치기 쉬운 것은 그것의 큰 약점이다.

(5) 광범위한 문학적 전거

사회·윤리 비평가는 장르의 엄격한 구별을 하지 않을 뿐더러 시대와 국적의 구별을 중요하게 여기지 않는다. 이것은 다시 말하면 그가 현재를 비판하여 미래를 지향하기 위한 목적에 적합한 작품이면 구별 없이 논의의 재료로 삼는다는 것을 뜻한다. 그는 문학에 대한 해박한 지식과 경험을 갖고 있다. 물론 그의 해박은 역사가의 골동 취미적 해박도 아니고, 문학을 통하여 과거의 한 시대를 완전히 재구성해 보려는 것도 아니다. 그의 해박은 현재를 비판하기 위한 자료를 제공받기 위한 것일 뿐이다.

사회·윤리주의 비평가는 인류의 정신 문화와 관계 있는 모든 저술과 논의에 관심을 갖는다. 정치, 경제, 종교, 교육, 군사 등 제분야에 걸쳐서 이루어지는 지적 발전에 유의하게 되는 것이다. 세대마다 현실은 달라지므로 문학과 사상에서의 그의 인용과 언급은 언제나 논의에 따라 달라지게 마련이다. 같은 작품을 보는 각도도 현재 당장의 상황에 따라 변한다.

사회·윤리주의 비평가는 문학적 해박을 달성하기 위하여서는 자국의 문학에만 집착할 수 없다. 그는 말하자면 문학의 세계시민이 된다. 다른 말로 하면, 그는 다분히 세계문학자, 일반문학자, 비교문학자가 된다. 동서고금의 문학에서 그의 전거(典據)를 찾아 각 사회와 시대의 문학을 비교하고 그 현대적 의의를 판단하는 것이다. 르네 웰렉처럼 언어 예술품으로서의 문학관을 가진 비교문학자가 아니라, 현재의 상황을 해석 비판하기 위해서 많은 전거를 찾는 비교문학자인 것이다.

현재의 상황을 언제나 안중에 두고 있는 까닭에 사회·윤리주의 비평가는 특별히 현대문학에 관심을 갖는다. 현대문학의 비평을 빼놓는다면 그는 비평가로서의 생명이 없어진다. 비교문학적 해박과 미래 지향적 윤리관이 결여되어 있으면서 현재의 문학에만 관심이 있는 문사들을 우리는 비평가 또는 문학사상가라 하지 않고 평론가, 서평자 또는 문학 딜레탄티라고 한다. 역사주의 비평가가 소심하게 대하든가 외면해 버리는 현대문학을 그는 과감히 가장 역점을 주어 평가하는 것이다.

사회·윤리주의 비평가는 어떤 목적을 향하여 자기의 논의를 전개하는 까닭에 그의 논조는 자연 형식주의자의 것처럼 분석적이라기보다는 종합적이다. 위에서 언급했지만, 그의 설득력 있는 논리와 문체는 필수 무기이다.

사회·윤리주의 비평이 그 방법에 대한 자각과 더불어 방법의 재정비를 수행할 것을 기대한다.

제 4 장 심리주의 비평의 방법

　우리가 문학을 논의할 때 자주 사용하는 문학정신, 문학적 감동, 시상, 영감, 정서, 성격, 동기 등의 용어는 모두 사람의 심리적 상태를 표현한다는 점에 있어 공통성을 갖고 있다. 이들을 다시 세분할 때, 문학정신, 시상, 영감 등은 문학을 창작할 때의 상태이고, 정서, 감동 등은 그것을 받아들일 때의 상태이며, 성격, 동기 등은 문학작품 내부의 요소라 할 수 있다.
　문학의 연구에서 작가의 창작, 독자의 수용, 작품의 내용을 인간 심성의 면에서 고찰하는 일은 빼어 놓을 수 없는 중요한 과제가 되어 왔다. 플라톤은 문학을 공박하기 위하여, 작가 및 독자의 정신상태를 쟁점으로 삼은 바 있다. 그것은 그 문제를 문제답게 다룬 최초의 예였다. 문학의 영감, 즉 창작과정에 대한 그의 신랄한 비판은 자주 인용된다. 그의 철학적 대화 <이온>은 전적으로 그 문제를 다룬 저서이다. 가장 대표적인 부분을 보면 다음과 같다.

　「시신(詩神, Muse)이 먼저 한 사람에게 영감을 불어넣어 주면 그 사람에 다른 사람들이 매어달려 영감을 나누어 받게 된다. 그것은 마치 자석에 붙은 쇠붙이에 다른 쇠붙이들이 달라붙는 것과도 같다. 서정시인이나 서사시인을 막론하고 모든 시인은 스스로의 기술에 의하여 아름다운 시를 창작하는 것이 아니라, 영감을 받고 접신(接神)을 한 까닭에 그럴 수 있는 것이다. 술잔치에서 춤추는 사람들이 올바른 제 정신에서 그러는 것이 아니듯 서정시인 역시 아름다운 가락을 읊어낼 때 제 정신이 아니다. 시인은 가벼운 날개 돋친 신비의 존재이며, 영감을 받아 혼이 쏙 빠져버리고 이성의 힘이 다 새어나가기 전에는 창작이란 있을 수 없다. 시인은 기술적 능력에 의하여서가 아니라 알 수 없는 신의 능력에 의해서 노래를 부르는 것이다.」 1)

시는 남에게 전수될 수 있는 기술(art)이 아니라 초인간적인 세력이 특정한 사람의 입을 통해 말의 형태로 새어 나온 물건이다. 시인은 자기의 창작에 대하여 전혀 책임을 질 수도 없고 설명도 할 수 없다. 플라톤은 창작이라는 행위에 대하여 철저한 영감설을 주장하는 동시에 시의 철저한 비이성적 성격을 강조하였다. 이것은 최초 형태의 창작심리학이었다고 할 수 있다.

한편 아리스토텔레스는 문학은 일종의 모방이고, 모방은 인간이 본능적으로 즐거워하는 행위이므로, 문학적 창작은 본래부터 즐거운 것이라고 주장하였다.2) 이것은 극히 초보적인 창작심리관이다. 아리스토텔레스는 문학이 독자에게 주는 심리적 영향에 대해서 <카타르시스>라는 무척 중요한 개념을 창시하였다. 플라톤을 잘 알려져 있는 바와 같이, 문학이 이성적 생활을 해야 하는 사람들에게 온당치 않은 감정을 덧뜨리도록 자극을 준다는 이유로 문학 해독론을 전개하였다. <카타르시스>이든 <문학해독론>이든, 둘 다 독자 심리에 관심을 두고 있다는 점에서 공통된다. 즉, 둘 다 소박한 형태의 독자심리학을 말

---

1) Allan H. Gilbert, ed., and trans., "Ion," in *Literary Criticism, Plato to Dryden* (Detroit: Wayne State Univ, Press, 1962), 16면.
2) <시학> 4장.

하고 있다. 창작심리학과 독자심리학은 예전부터 문학연구의 중요분야였던 것이다. 여기에다 구체적 작품 내부에서 발견될 수 있는 심리적 현상에 대한 논의를 합하면 (이 작업은 최근에 이르러 본격화되었다), 결국 문학의 심리적 연구의 3대 분야가 정립된다.

심리학을 문학연구에 응용하는 일은 비평의 여러 주요 유파에서 행하여지고 있다. 역사주의 비평에서는 특히 작가 연구에 크게 이용하고 있고, 작품을 작가의 전기를 구성키 위한 가장 중요한 정보원(情報源)으로 해석하는 방법을 특히 정신분석학에서 빌어오고 있다. 사회·윤리주의 비평에서도 3장의 라이오넬 트릴링의 경우에서 지적한 바와 같이 문학적 현상의 사회심리학적 고찰이라는 새로운 경지를 개척하고 있다.

이제 문학의 심리적 연구의 3대 분야를 하나씩 개관하기로 한다.

1. 창작의 심리

작가를 다룸에는 크게 두 영역이 있을 수 있다. 첫째 창작심리, 둘째는 개별 작가의 심리이다.

창작 또는 일반적으로 창조의 과정을 겪어내는 사람의 정신 상태에 대한 관심은 창조력을 강조하는 현대에 이르러 대단히 커진 바 있다.

전통적으로 시적 영감은 창조의 필수 전제조건인 바, 그것은 신비로운 것, 완전히 알 수 없는 것으로 여겨져 왔다. 또 그것은 개인의 의지 여하에 전적으로 좌우되지는 않는 듯하다. 처음부터 작가가 자기 작품에 대하여 명확한 개념을 갖는 것이 아니라, 작품은 실로 막연하게 배태되어 틀이 차차 잡혀가게 되는 듯하다.

부루스터 기셀린은 많은 예술가와 천재적 학자들의 창조적 활동에 대한 수기와 기록을 수집하고 분석한 결과, 창작의 심리적 과정을 다음과 같이 기술하고 있다.

「작품이 완성된 다음에라야 창조적 노력의 진정한 의미가 밝혀지고, 그에 따라 예술가적 발전이 분명하게 이루어진다. 그 때문에 창조적 충동은 처음에는 지극히 모호하여 그 정체를 거의 알 수 없을 정도이다. 그것을 표현하기 위한 수단조차도 존재하지 않으므로 새로 창조해야 한다. 다시 말하면, 그 새로운 질서에 소용되는 가장 단순한 표현방식까지도 새로 발견해야 하고 개발해 내야 하는 것이다.」3)

이처럼 최초에는 무형하고 혼돈스럽고 무질서한 어떤 세력에의 충동을 질서 있게 형상화하는 작업이 곧 창조이다. 창조적 질서는 기성 질서의 세련이 아니라 그것을 초월한 상태이다. 기셀린은 질서화 이전의 그 무질서하고 혼돈인 듯한 상태에 대하여 이렇게 말한다.

「혼돈 또는 무질서라는 용어는 <내적 생명의 불명확한 충만감과 활동>에 대한 명칭으로서는 적합치 않다. 왜 그런고 하니, 그러한 충만감은 유기적이고 역동적이요, 긴장과 지향성이 충만한 까닭이다.…
대체로 창조는 어떤 막연한 혼란된 흥분, 일종의 동경, 접근해 오는 해결에 대한 일종의 육감, 또는 전언어적 예감에서 시작된다.」4)

이러한 상태를 영국 시인 스티븐 스펜더는「낱말의 소나기

---

3) 부루스터 기셀린 편, 이상섭 번역, <예술창조의 과정> (서울, 연세대학교 출판부, 1964), 9면.
4) 위 책 10면.

로 응결되어야 할 희미한 관념의 구름」이라고 표현하였다.5) 이러한 희미한 <구름>은 순전히 계산적인 의식과 의지로써는 떠오르게 할 수 없으며 더더구나 소나기로 응결하여 쏟아지게 할 수도 없다.

  무의지 상태와 의지 상태는 서로 대립을 보이고 후자가 전자를 방해하는 경우가 자주 생기곤 한다. 그래서 의지를 완전히 제거하고 무의지만을 작용시킬 때, 이를테면 광인의 정신상태나 또는 꿈을 꾸고 있는 상태와 흡사할 때, 그 때를 가장 창조적 순간으로 간주하고 그런 상태를 인위적으로 유발하려는 사람도 있다. 환각제의 사용, 음주 등이 그런 방편이 되기도 한다. 초현실주의자는 일종의 자기 최면으로 가수상태에 몰입한다.

  또는 의지와 무의지가 서로 대립한 긴장된 분위기 속에서 창조작업의 두 면을 분담하기도 한다. 예술 창작은 확실히 무의식, 무의지와 필연적 관련을 갖고 있으나, 또한 확실히 그것은 의식, 의지의 세계를 향한 <현명한> 발언이다. 창조적 질서를 알아볼 수 있게 형성하는 데에는 의지, 무의지의 배타적 대립이 아니라 그 둘의 보다 높은 차원에서의 화합이 필요한 것이다. 기셀린의 말을 다시 인용한다.

「우리가 알지 못하는 사이에 스스로 완성되는 까닭에 무의식적이라는 형용사를 붙이는 그 세밀한 전개와, 앞을 내다보지는 못하나 명확한 의식 속에서 진행되는 여러 가지 자연 발생적인 활동들이 유발되는 것은, 전개 이전의 소재에다 강한 의식적 노력이 가해질 때에 비로소 가능하다. 의식적 노력이 가져오는 긴장감은 심적 작용을 지나치게 제약하고 축소시킬 위험이 있으나, 그 긴장감이 해소된 다음

---

5) 위 책 163면.

에 진행되는 무의식적 활동에게 자극과 방향을 준다.」[6]

기셀린의 설명은 많은 케이스 스터디를 통한 심리학적 연구에 근거한 것이므로 현단계로서는 믿을 만하다. 일반 독자를 위하여 지나치게 현학적인 용어를 사용치 않고 있음은 오히려 다행한 일이다.

우리 나라에도 간혹 소개가 되곤 하는 허버트 리드는 프로이드와 융의 심리학을 창작과정 연구에 적용한 최초의 비평가의 하나이다. 엘리어트가 시의 창작에 있어서 시인의 정서와 개성이 불필요하다는 주장을 하였음에 반하여, 리드는 이렇게 주장한다.

「비평은 예술 작품 자체뿐 아니라 창작의 과정 및 영감을 받은 작가의 정신 상태에도 응분의 관심을 기울여야 한다.」[7]

이 일을 수행함에 있어 그는 프로이드의 정신분석학을 응용한다. 그는 개성(personality)과 자아(ego)를 같은 것으로 추정한다. 개성, 즉 자아는 우리 속에서 생각의 흐름, 받는 인상, 감각적 체험의 주체로서 정신의 작용을 논리적으로 조직하는 일을 한다. 이 자아 속에 정서, 감정, 감흥 등도 포함되게 마련이다.

개성과는 달리, 성격은 유동성이 없는 딱딱한 특질이다. 리드는 다음과 같이 설명한다.

「성격은 개성 속에 있게 마련인 충동들을 억압하는 습성에

---

[6] 위 책 39면.
[7] Herbert Read, *Collected Essays in Literary Criticism* (London: Faber, 1951), 23면.

서 생긴 개인의 성향 또는 기질이라 할 수 있다. 언제나 적극적 면모를 가지고 있는 이 성격은 실상은 의식의 자유로운 흐름 위에 부가된 고착과 부정(否定)의 결과이다. 한줄기 거센 물결이 튼튼한 둑 사이로 흐르도록 한정될 때 독특한 성격과 방향을 얻게 되는 것과 같다.」[8]

리드는 이러한 학술적 근거에서 엘리어트의 <시는 개성으로부터의 도피>라는 문제투성이의 발언을 교정하고 있는 것이다. 즉 엘리어트가 <개성>이라 부른 것은 자아(ego)가 아닌 <성격>이라는 것이다. 리드가 설명하는 대로 성격과 기질로부터의 도피가 시를 창작할 수 있는 상태를 조성한다고 볼 수 있다.

「확실히 정서는 성격과 어울릴 수 없다. 정서는 성격이라는 바위에 부딪쳐 산산조각 나는 물결이다. 성격은 우리의 감정과 정서의 최대공약수라 할 수 있는 개성의 정반대의 위치에 있다. 그런 의미에서 모든 시는 개성의 산물이며 따라서 성격에게 억압당하고 있다.」[9]

물론 성격이 굳어지면, 소위 의지의 사나이, 청교도, 도덕군자, 금욕주의자 등 윤리적으로 칭찬받을 만한 인물이 될 수는 있으나, 이미 시인으로서의 유연성은 잃은 것이다.

프로이드 인간 정신을 자아(ego), 초자아(superego), 무의식(id)으로 구분하여 고찰하였는바 리드는 이론에 기초하여 예술현상을 다음과 같이 설명하고 있다.

---

[8] 위 책 26면. 또 이상섭, <하버트 리드의 초기 문학이론> <영어 영문학> 제 29호 (한국 영어영문학회, 1969, 봄) 96면 (상기 논문에서 필자는 리드의 문학이론을 보다 상세히 설명했다). 리드가 말하는 성격은 프로이드의 초자아(superego)와 관계가 있다. 초자아가 강하게 작용하는 상태를 성격이라고 볼 수 있다.
[9] 같은 곳.

「예술 작품은 정신의 각 영역과 관련을 맺고 있다. 예술은 그 에너지와 부조리성(irrationality)과 그 신비한 능력을 무의식(id)으로부터 얻는다. 무의식이야말로 소위 영감(inspiration)의 근원으로 간주할 수 있다. 예술작품은 자아에 의해서 그 형식적 종합과 통일이 주어진다. 마지막으로 초자아의 특유한 창조물인 이데올로기나 도덕적 방향으로 동화된다.」[10]

단적으로 말해서 자아는 무의식의 무질서한 분출물을 질서있게 종합하는 일을 하고, 이때 초자아는 거기에다 도덕적·사회적 방향을 결정해 준다는 것이다. 이 이론으로써, 플라톤이래 말썽이 많던 소위 영감설과 개인의 본능적·지적 능력과 사회 도덕의 작용 등에 관련된 수많은 문학 이론상의 문제가 해결될 실마리가 보인다.

프로이드와 쌍벽을 이루는 카알 본 융의 소위 분석심리학에서도 리드는 문학 문제를 해결할 열쇠를 구해 온다. 그는 특히 융의 타이프(types) 이론에 흥미가 있다. 융은 <내향>과 <외향>의 두 대조적 내지 대립적 태도가 자아의 속성이라고 하였다. 그러한 근본적 대립 관계에서 속성이라고 하였다. 그러한 근본적 대립 관계에서 소위 주관과 객관, 감정과 사상, 관념과 사물 등등의 대립 관계가 발생한다는 것이다. 그러나 실제의 생활에 있어서, 그 대립은 항상 어떤 생동력에 의하여 통일을 이룬다. 그 결과 감각과 관념은 강렬해진다. 이처럼 통일을 이룩하는 생동력을 융은 <환타지>(phantasy)라 불렀다. <환타지>야 말로 창조적인 능력인 것이다. <환타지> 중에서도 특히 능동적 <환타지>를 그는 「예술적 정신 상태의 기본속성」이라

---

10) Read., 37면.

고 하였는데, 리드는 바로 이 분석심리학의 이론에서, 전 시대로부터 문제가 되어 온 시적 상상력에 대한 해결의 길을 찾는 것이다.

> 「예술은 원초적 심상과 본능적 감정의 내적 원천에서 샘솟는 모든 요소와, 실제 생활의 외부적 메카니즘에서 생기는 모든 사실들을 단일한 생명의 물줄기로 융합시키는 기능을 갖는다. 이것은 스스로의 내적 요구에서 환타지를 발생시키는 예술가 자신뿐만 아니라, 암시와 상징에 의하여 그의 상상적 작품에 참여하는 모든 사람들을 위하는 일인 것이다.」[11]

즉, 개인의 환타지의 소산물인 예술이 사회적 효용을 가지게 되는 과정도 분석심리학이 밝혀 주고 있다.

문학 이론의 문제에서 가장 중요한 것의 하나인 고전주의와 낭만주의의 대립적 관계도 융의 내향과 외향의 개념으로 설명된다. 인간 정신 속에 자리잡은 혼돈의 원초 상태에 복귀코자 하는 성향과 논리, 질서, 윤리의 외적 제재에 부합하려는 성향에서 소위 낭만, 고전의 두 태도가 생긴다는 것이다.[12]

리드의 정신분석학(또는 분석심리학)의 이용 방법을 이 이상 더 알아볼 필요는 없을 것이다. 심리주의 비평가가 심리학이나 정신분석학의 새로운 이론에 접했을 때, 그것의 문학에의 적용 가능성을 타진해 본다는 것은 자연스러운 일이다. 위에서는 주로 리드의 예를 들었는데, 그것은 그가 비평가로서 특별히 뛰어났다기보다 심리적 비평가의 본보기가 된다는 이유에서이다. 비평가에 따라서 프로이드, 융 또는 아들러 등 심리학 대가의 이론을 적용시킬 부면도 다르고 또 방법도 다소 차이가 있으

---

11) 위 책 129~130면.
12) 위 책 131면.

나, 공통되는 점은, 문학 이론상의 근본적 문제들을 모두 인간 정신의 특수한 활동의 산물로 보는 관점에서 출발한다는 점이다. 시어의 문제, 시의 구조의 문제, 장르의 문제도 모두 심리적 설명이 가능하다고 믿는 것이다.

한국의 비평가는 대체로 방계과학에 대한 지식은 고사하고 인식조차 부족한 것이 사실인데, 특히 심리학의 경우 그러하다고 여겨진다. 비평 논문의 제목이 예컨대 <작품상으로 본 여성과 고독>이라면, 사회학적 접근, 심리학적 접근 및 <수필식 장광설> 등을 기대할 수 있는데, 한국 비평가의 경우 대부분은, 아마도 전부가, 그 마지막의 방식을 따를 것이다.13) 즉 문제의 성격이 어떻든 간에 수필 머무르고 마는 것이다. 문제의식이 철저하지 못한 까닭일까?

문학에 있어서의 <허무의식>을 주제로 다루는 글이 여럿 있다면, 그 중에 수필 말고도 이론적 설명이 끼어 있을 법하나, 그렇지 못한 것이 한국적 실정이다. 우리가 늘 부르짖는 <주체성>의 문제는 한 번도 심리학적 취급을 받아 보지 못하였다. 심리학이 주체성의 문제를 완전히 해결하리라는 것은 결코 아니다. 문제를 다루는 작업의 이론 체계를 세우고 또한 문제를 대하는 방법의 다양화를 위해서이다.

이상에서 창작심리에 관련된 이론들을 간단히 보았다. 그러한 이론들을 개별 작가를 연구하는 일에 적용할 때 심리주의 비평의 강점이 두드러진다. 여기서도 손쉽게 리드의 비평을 본보기로 들기로 한다.

리드는 위에서 설명한 개성과 성격의 이론을 가지고 영국 시인 워즈워드의 시적 능력의 성쇠의 원인을 규명했다. 워즈워드는 80년이라는 긴 생애를 살았지만, 시적 창조력이 왕성했던

---

13) 곽종원, <작품상으로 본 여성과 고독>의 제 1절의 제목이 <고독이란 고도(孤島)의 단절감>이다. <평론선집 2>(한국문학전집 49, 서울, 어문각, 1970) 38면.

시기는 27세부터 대체로 10년간, 즉 그가 결혼한 32세 때까지이다. 그가 21, 22세 때 프랑스의 혁명의 와중에 뛰어들어 활동하던 중에 아넷뜨 발롱이라는 자기보다 연상인 가톨릭교도 여인과 연애하여 사생아(딸)을 낳았다는 사실이 밝혀진 것은 그가 죽은지 수십 년이 지난 후이다.

리드는 워즈워드가 본능적 욕구에 따라 아넷뜨를 사랑하였으나 다시 헤어질 수밖에 없는 운명이었음을 괴로워하고 뉘우치는 내면적 갈등에서, 즉 자기의 개성, 또는 자아가 주체를 이루고 있는 상태에서 창조력이 왕성할 수 있었지만, 아넷뜨와의 관계를 완전히 청산해 버리고 점잖은 집 규수와 결혼을 하여 <양심적> 가장으로서의 직책을 다하는 도덕군자가 된 다음부터 그의 시재는 고갈하기 시작했다는 것이다. 다시 말하면 개성, 즉 자아(ego)가 본능적 충동(id)과 잘 화합할 동안은 창조적 인생을 살 수 있었으나, 사회적으로 점잖은 인격자가 되려는 심리(super-ego)의 강력한 요구로 말미암아 인격, 즉 성격(character)이 굳어지면서 창조적 무의식(id)은 출구를 폐쇄 당했다는 것이다.[14]

이것은 한 작가의 창작력의 성쇠의 원인을 규명하는 방법으로서는 지나치게 공식적인 느낌이 있지만, 어쨌든 이론적인 설명 방법을 제공한다는 것은 틀림없다. 이 단순한 이론이라고 응용하여, 창작 기간이 단명했던 수많은 한국 작가들을 진단하여 볼 만하다. 이를테면, 김소월은 수명 자체가 짧았지만 창작 기간은 더욱 짧았는데, 그것을 일제하의 사회 여건에 다만 귀착시키지 말고 그 창작심리학적 원인도 규명함이 옳지 않을까? 창작행위는 사회적 행위인 동시에 개인의 정신적 행위임을 잊지 말아야 한다. 어쨌든 정신분석학이 작가의 전기를 연구하는 데에 큰 분야를 개척한 것은 사실이고, 이를 응용하지

---

14) Herbert Read, *Wordsworth* (London: Faber, 1949) 참조.

못하고 있는 한국의 문학계는 크게 손해를 보고 있는 셈이다.

정신분석학에서 가장 중요하게 다루는 심리적 메카니즘은 소위 복합심리(complex)라는 것이다. 오이디푸스 복합심리, 열등감, 우월감 등등 표면에 나타나는 현상만으로는 설명하기 곤란한 착잡한 동기를 규명하는 방법은 현대 정신분석학의 큰 공헌이다. 한 작가의 생애를 자세히 고찰할 때 후일 그의 작품의 독특성을 조성할 특수한 경험의 요소들을 발견할 수 있다. 모든 복합심리는 선천적 본능에 대한 후천적 경험의 충돌과 억압에서 시작되어 착잡한 양상을 띤 것이다. 작가의 작품에 나타나는 동기, 주제, 태도 등의 착잡한 상태는 그 작품의 표면적 해석으로는 전부 이해되지 않는다. 하나의 논리에 대해 또 하나의 또는 그 이상의 반논리(反論理)가 전개되어 전체는 일견 혼란된 양상을 띠는 까닭이다. 이 혼란의 실마리를 푸는 작업이 작가의 내면을 이해하는 길이 되는 것이다.

요컨대 심리주의 비평가는 작가의 개인적 경험이 어떻게 하여 작품이라는 현상 속에 변모되어 나타나는가를 밝히는 것이다. 보다 미시적 방법을 도입하면 작가 개인의 경험과 성격이 그의 문체, 소재의 선택과 취급, 인물 및 자연의 묘사를 어떻게 결정지었는지를 밝혀낼 수도 있을 것이다.

정신분석학의 여러 방법 중에서 작가연구에 적용할 것들이 많겠지만 여기서 그것들을 다 열거할 필요는 없을 것이다.

2. 작품의 심리적 분석

구체적 작품의 분석이야말로 문예비평의 중심적 과제인데, 심리적 분석의 방법을 작품 분석에 응용한다는 것은 심리적 측면에서 문예비평의 중심에 참여한다는 뜻이다. 제2장에서 보았거니와, 구체적 작품을 세밀하게 다루는 솜씨는 형식주의자의 전유물처럼 되어 있으나, 정신분석학적 작품 분석도 그에 못지 않게 자상하다. 그러나 작가 연구에 임할 때의 태도와는 근본적으로 다른 태도로 시작한다. 구체적 작품을 대할 때 심리주의 비평가는 일단 그 작품을 <주어진 모든 것>으로 대한다. 즉, 작가의 생애를 적어도 제1단계에서는 고려의 대상에서 제외하고 작품 자체를 완전한 심리적 실체로 대하는 것이다. 이점에 있어서도 심리주의 비평가는 형식주의자를 닮는다.

하나의 작품은 말로 구성되어 있다. 잘 구성된 작품이라면 거기에 씌어진 낱말들은 전체의 심리적 메커니즘을 구성하는 각기 상이한 분자들이 된다. 심리주의 비평가는 이들 낱말들을 세밀히 고찰하지 않을 수 없다.(물론 장편물에서는 그렇게 세밀할 수가 없다). 분석을 통해 작품 내의 심리적 역학관계를 규명함에는 물론 작품 외의 사실, 즉 심리학 일반의 원리를 응용한다.

심리주의 비평가가 즐기는 작품은 그 조직이 복잡하고 내용이 풍부한 것이리라는 것은 정한 이치이다. 정신분석학자가 단순 명료한 심리에 흥미를 덜 느끼고 병적이랄 만큼 복잡한 심리에 흥미를 느끼는 것과 같다. 작품의 복합성은 단적으로 말해서 표면적 진술 배후에 숨어 있는 여러 층의 잠재적 의미에서 온다. 이러한 의미들이 서로 충돌하고 화합하여 심리적 역학관계를 충만하게 실현하고 있는 현상을 포착하는 것이 심리주의 비평가가 하는 일이다.

여기서 실례를 들어보기로 한다. 오이디푸스 복합심리는 프로이다가 처음 이론화한 이래 여러 번 문학 작품 해석에 응용되었는데, 아마 그 대표적인 예는 어네스트 죤즈의 <햄릿> 비평일 것이다.[15] <햄릿>은 주지하다시피 세계 문학에서 가장 복잡한 의미를 가진 작품으로, <햄릿 문제>라는 문학 연구의 독립된 영역을 형성할 만큼 많은 연구가의 논의의 대상이 되

---

15) Ernest Jones, *Hamlet* (London: Vision Press, 1947)의 서문참조.

어 왔다. 문학애호가인 동시에 직업적 정신 분석학자인 의사 죤즈는 햄릿의 복수의 주저와 지연의 원인을 파헤친다(그것이 <햄릿 문제> 중에 가장 핵심적 문제이다).

　부왕 살해에 대한 복수의 책임을 지고 있는 햄릿은 그 책임을 회피하고자 하는 착잡한 심리를 보여준다. 그의 복수는 사회적으로 옳다고 승인 받는 윤리적 책임임을 그 자신도 명확하게 의식하고 있으나, 그가 억누르고 있는 어떤 개인적·본능적 욕구가 그의 행동을 저지하고 있다. 그 개인적·본능적 동기는 그 자신도 알지 못하고 있다. 그의 사회인으로서, 문명인으로서의 의식이 그것을 표면화하지 못하도록 억누르는 까닭이다. 그러나 그 본능적 무의식적 동기가 무엇인지는, 숙부 클로디어스의 부왕시해 행위와 그의 여왕과의 근친결혼이라는 두 가지 복수 대상에 대한 햄릿의 태도를 면밀히 검토해 보면 비로소 알 수 있다. 햄릿은 두 가지 다 의식적으로 증오하지만 왠지 어머니의 행위에 대해서는 더욱 난폭한 혐오감을 나타낸다. 햄릿은 실상 부왕의 살해 경위를 알기 이전부터 어머니가 성욕에 굶주렸던 양 성급한 재혼을 한 것을 혐오하고 있었다. <죽느냐 사느냐, 그것이 문제로다>라는 유명한 자살론의 독백은 부왕 살해 경위를 알기 이전에 뇌까렸던 것이다. 보통 있을 수 있는 성급한 재혼에 대하여 그는 지나치게 괴로워한다. 햄릿은 일종의 히스테리의 신경증을 보이고 있다.

　모친의 재혼은 햄릿의 무의식 속에 감추어져 있는 모친과 부친에 대한 내밀한 심리를 자극했다. 그러나 문명인인 햄릿은 본래부터 억누르고 있던 그 중압감에 몰려 죽고까지 싶은 것이다.

　죤즈의 해석에 의하면, 햄릿은 모친에 대한 애정이 과도하여 평상시 부친에 대해서도 질투를 느낄 정도였다. 그러나 물론 그는 부친에 대한 또 다른 애정―개인적으로나 사회관계상으로나 정당한―을 가지고 있었던고로 그런 비정상적 질투를 비교적 쉽게 억누를 수 있었다.
 아버지와 아들, 노년층과 청년층의 갈등은 인류의 근본적 사실로서, 프로이드는 그런 갈등의 원인 중성적 질투가 가장 크다고 하였다. 유아의 최초의, 또 가장 부드러운 이성은 어머니이다.
 햄릿의 모친은 대단히 감정적이고 또한 육감적이다. 햄릿은<철>이 들면서 의식적으로 모친에 대한 애정을 억누르고, 그 억누르는 행위의 일환으로 모친과는 정반대의 타이프의 연인인 오필리아에게로 향했다(이것은 흔히 보는 일이다. 또는 자기의 모친과 가장 닮은 여인을 사랑 하든가, 또는 모든 여성에게서 모친의 이미지를 발견하고 모친을 성적 대상에서 멀리하듯 모든 여성을 멀리하고 호모섹슈얼이 되기도 한다). 햄릿과 오필리아 간에는 과연 가식적이고 석연치 않은 관계가 느껴진다. 더구나 햄릿은 일단 신경증적 상태에 빠지자 오필리아를 쉽사리 팽개친다.
 부왕이 죽은 것은 햄릿의 유아기의 은밀한 소원(그 후 억눌렸었지만)이었는데 이제 성취된 셈이다. 그것도 그의 숙부, 즉 자기 자신과 아주 가까운 사람, 자기 자신과 동일시할 수 있는 사람에 의해서 이루어진 것이다. 하나의 내밀한 욕구가 만족된 셈이다. 그러나 만족감을 누릴 사이도 없이 그 살해자는 모친과 성적으로 결합함으로써 또 다시 새로운 경쟁자로 등장한다. 이번에는 부친의 경우와는 달라서 이 애정의 경쟁자를 아무 억제 없이 증오할 수 있다. 더더구나 햄릿 자신이 그를 죽여 버리는 것이 의무요 권리이니까, 그에 대한 증오는 자유스럽다. 그러나 햄릿은 부왕 살해라는 클로디어스의 행위에 심리적으로 참여하여, 또한 간접적으로 모친을 범했다. 클로디어스를 단순히 원수로만 여길 수 없는 내밀한 심리의 근거가 있는 것이다. 햄릿은 그를 자기와 동일시하려는 심리를 한편에 간직하고 있는 것이다. 이 심리는 경쟁자에 대한 당연한 증오감과 착잡하게 대립된다. 그러면서도 계속 강렬하게 되어 가는 것은 모친에 대한 질투이다. 도덕적이라는 손쉬운 근거를 가지고 모친에 대한 엇갈린 애정에의 호소이다. 이러한 착잡한 심리 상태에서 햄릿이 복수라는 정상 사회의 책임을 완수할 수는 없다.

어네스트 죤즈 박사의 면밀한 해석을 이 이상 더 소개할 필요는 없을 것이다. <햄릿>이 우리에게 원인 모를 신비한 감명을 주는 까닭은 그것이 인류 근본의 공통적인 은밀한 심리적 충동을 우리도 모르는 사이에 표현하여 우리로 하여금 간접적으로 만족감을 얻게 해 준 데에 있다고 그는 결론 짓는다.

죤즈의 기본 전제인 오이디푸스 복합심리가 진리냐 아니냐에 대해서는 논란이 있을 수 있다. 그러나 중요한 것은 그것이 가설에 지나지 않는다 해도, 그 가설을 방법으로 사용할 때 생기는 이점은 실질적이라는 사실이다. 오이디푸스 복합심리의 이론이 생긴 이래, <햄릿>의 이해는 확실히 폭이 넓어졌다. 햄릿의 수수께끼 같은 언행은 오이디푸스 복합심리가 아니더라도 적어도 어떤 복합심리에 의해서만 비로소 설명되어질 수 있는 것으로 공인하게끔 되었다.

정신분석학에서 흔히 거론되는 자리바꿈(displacement), 압축(condensation), 가르기(splitting), 방어(defence mechanism) 등의 개념으로 작품 내의 역동적 또는 미적 요소를 설명할 수도 있다. 예를 든다면, <자리바꿈>이라는 현상은 「감정(affect)을 한 사실로부터, 그것과 실제로는 소속적 관련이 없는 다른 사실로 옮기는 것」을 뜻하는 바[16] 다음 옛 가요 <가시리>에서도 그 요소가 발견된다.

「가시리 가시리잇고

---

16) James Drever, *A. Dicitionary of Psychology* (Penguin Books, 1952), 69면 참조.

바리고 가시리잇고
날러는 엇디 살라하고
바리고 가시리잇고
잡사와 두어리마나난
선하면 아니올셰라
셜온 님 보내압노니
가시는 듯 도셔 오쇼셔.」

자기를 무정하게 버리고 가는 님, 만류 하려다가는 오히려 화를 돋굴 듯한 무뚝뚝한 님이 떠나가는 것을 당해야 하는 여인은 그 입장을 있는 그대로 인정하고 싶지가 않은 내밀한 심리를 가지고 있다. <셜온>것은 오히려 자기이다. 즉 <셜은>이라는 형용사는 자기 자신에게 붙여져야 하는 것이나, 무뚝뚝히 버리고 가는 남자에게로 옮겨 붙였다. 즉 <자리바꿈>이다. 그 남자를 원망의 호칭으로 부르지 않고 <님>이라 부른 것도 역시 일종의 자리바꿈의 요소가 있다. 그렇게 형용사를 일견 <잘못> 붙인 까닭은 무엇인가?

이 시는 후렴을 빼면 전부 8행으로 되어 있는데, 처음 6행까지에서는 버리고 가려는 남자에 대한 직접적인 원망을 토로하고 있다. 나머지 2행 (셜온임 보내압노니......)에서 어조는 완전히 바뀐다. 위에서 말한 <자리바꿈>이 나타면서부터 이다.

여인은 떠나는 남자가 자기만큼이나 <서러워하는 님>이 되기를 간절히 바라고 있는 것이다. 그러니까 <셜은 님>은 사실에 대한 객관적 묘사가 아니라, 그 여인의 소망적 사고(wishful thinking)에서 생긴 소망적 발언이다. 남자가 정말로 서러워하는 님이 되었으면 하는 잠재의식이다. 이러한 착잡된 경로로 하여 그 형용사가 <실재로는 소속적 관련이 없는> 남자(어느새 <님>으로 변모되어 있는)에게로 붙여진 것이다.

이렇게 됨으로써 여인의 <소망적 사고>는 계속 만족되게 마련이다. <날러는 엇디 살라고 바리고 가시는> 남자가 <셜온 님>으로 변모하면서 태도마저 정말 변모한 것으로 표현된다. 즉 남자, 아니 <셜온 님>은 버리고 가시는 게 아니라 여인 자신이 <보내 압는> 것이다. 여인의 허락으로, 또는 권유로 슬퍼서 가려고 하지 않는 님을 보내는 것처럼 되어 버렸다. 저편에서 자의로 가는 것이 아니라 이편에서 굳이 보내는 것이다. 역시 <자리바꿈>이다. 이 <자리바꿈>은 <셜온 님>이라는 <자리바꿈>으로 말미암아 자연스럽게 따라온다.

이 측면에서 볼 때에, 비로소 「가시는 듯 도셔오쇼셔」의 적절성이 드러난다. 슬퍼서 못내 가고파 하지 않는 만큼, 돌아올 때에는 기뻐서 어서 속히 달려오라는 말이 된다. 이 부분을 「지금 뿌리치고 막 달아 나는 것처럼 올 때도 막 달려 오라」고 해석한다는 것은 무리하고도 우스꽝스럽다. 무정히 훌쩍 떠나는 남자가 <다정히> 훌쩍 되돌아오리라고는 상상이 되지 않는다.17)

그 여인이 버리고 가버리는 남자가 서러워하는 님이 되기를 바라는 데에는 또 하나의 심리적 메카니즘이 개재되어 있다고 볼 수 있다. 소위 <방어 메카니즘>이라는 것이다. 이 정신분석학적 용어는 「자주 일어나는 육체적 또는 정신적으로 무척 불쾌한 어떤 정황과 관련되어 있는 괴로운 감정(affect)에서 자기 자신을 보호하기 위해 취하는 무의식적 방책」18) 으로 정의된다. 여인은 <버림받음>이라는 <불쾌한> 정황을 8행 중 6행에서 계속 뇌까렸다. 그러나 그 이상 더 그 <불쾌한> 정황을 되풀이하여 언급할 수는 없다. 그렇게 한다면 더욱더 괴로운 발악, 히스테리, 정신적 파멸로 자신을 이끌어 갈 것이다. 건강한 인간의 심리는 괴로운 감정이 어느 정도에 달한 다음에는

---

17) 양주동 교수는 총총히 가는 것처럼, 총총히 돌아오라는 뜻으로 해석하고 있다.
18) James Drever, 95면 참조.

그 자체를 보호하는 버릇이 있다. 이 여인의 경우 그녀의 무의식은 자기에게 속하는 대단히 괴로운 형용사를 상대방에게 옮겨 버림으로써, 즉 <자리바꿈>을 함으로써 자신의 괴로움을 면할 뿐 아니라, 상대방을 바람직한 정황에 (서러워하는 마음에) 처하게 하는 일을 한 것이다. 즉, 자체를 방어(defen- ce)하고 있다.

위에서 짧은 시귀에 개재되어 있는 <자리바꿈>, <소망적 사고>, <방어 메커니즘> 등의 심리적 요소들이 작용하는 모습을 분석하여 보았다. 그 분석의 과정은 정신분석학의 용어들이 암시하는 것처럼 복잡다단하거나 전문적인 것은 아니다. 사실 비교적 간단하다. 본래 정신분석학은 정신병자나 그런 요소가 있는 그야말로 복잡다단한 사람의 속을 캐어보는 매우 전문적인 과학이지만, 정상적인 상태의 시인이 정상적인 상태에 있는 독자 사회를 위해 쓴 몇 마디의 말을 분석하기 위해서 그와 같은 전문적인 과학의 능력을 총동원할 필요는 없는 것이다. 문학작품, 적어도 일부의 문학작품을 초보적 단계에서 정신분석학적으로 다루기 위해서는 전문적 식견이 아닌 아마츄어리즘만 가지고도 꽤 넉넉하다고 보여진다.

물론 <셜은 님>에 대한 해석은 힘든 정신분석학의 개념을 안 이용하고서도 할 수 있다. 형식주의자는 그것을 일종의 <이름바꿈>(metonymy)이라고 할 것이다. <이름바꿈>은 정신분석학이 생기기 수천 년 전에 이미 희랍 로마의 수학자들이 체계화한 수사학의 한 개념이다. 수사학적 분석으로도 마지막 2행에 대한 그릇된 해석을 피할 수 있는 것이다. 정신 분석학으로나 수사학으로나, 텍스트의 보다 정확한 해석을 기하기만 하면 된다. 그러나 정신분석학은 몇 안 되는 그 낱말들 속에 잠재하는 인류 공통의 근본적 동기를 밝혀 내어 작품의 인간적 의미를 확실히 한다는 이점이 있다. 분명한 것은 정신분석학적 개념들이 수사학적 분석을 뒷받침할 뿐 아니라, 작품의 정확한 파악을 돕는 비교적 손쉬운 방법이라는 것이다.
　정신분석학에서 크게 관심을 보이는 대상은 꿈이다. 꿈이라는 정신 현상에 대한 연구의 결과, 꿈의 상징적 성격이 강조되고 또 그 상징성을 해석하는 방법도 많이 고안되었다. 비합리적이고 비윤리적인 본능적 욕구는 사회관습에 적응하려는 의식적 의지로 말미암아 억압되어 있다가 간혹 표면에 나타날 때에는 위에서 논급한 자리바꿈, 압축, 가르기 등등의 변모된 형태를 취한다. 즉, 나타난 형태와 진정한 의미 사이에는 엄청난 차이가 있는 것이다. 다시 말하면 진정한 의미는 자리바꿈, 압축 등등의 심리적 메커니즘으로 말미암아 상징적 형태를 얻게 되는 것이다.
　문학은 본래 그것이 표현 매체로 삼고 있는 언어의 성질상 다분히 상징적인 데다가, 어떤 작품은 작가가 의식적으로 상징적 수법을 사용한 것도 있다. 더욱 중요한 것은 꿈의 경우처럼, 작가가 의식하지 못하는 상징적 의미가 그 작품에 나타날 수도 있다는 것이다. 작품의 상징적 요소를 분석하는 비평가는 정신분석학의 꿈의 해석 방법을 쉽사리 빌어다 쓸 수 있을 것이다.
　꿈의 상징성에 대하여 작가들은 예전부터 중요성을 부여하였다. 고대의 예언 문학, 중세의 꿈과 환상의 알레고리를 예로 들지 않아도, 많은 작품에 꿈과 그것에 대한 해석이 나타나는 것은 작가들이 꿈의 의미를 중요하게 생각했다는 것을 뜻한다. 예를 들자면 괴테의 <파우스트>에서,

　　파우스트(젊은것과 춤추며),
　　「나, 한 번 아름다운 꿈을 꾸었네.
　　한 그루 사과나무 그 때 보았지,
　　빛 좋고 아름다운 사과 두 알이
　　너무나도 탐이 나서 올라가 봤네.」

마녀,
「그 옛날 낙원에서 살던 때부터
사과는 남자들이 좋아하는 것,
아이구 나는 좋아 못살겠구나.
우리네 마당에도 사과가 있네.」19)

한 그루 사과나무에 두 개의 사과, 또 거기에 기어오르는 동작은 비교적 단순한 상징이다. 마녀의 대답 역시 쉽게 알아차릴 수 있는 상징적 표현이다(정신분석가는 괴테가 왜 이 대목에서 이런 소리를 하는가에 아마 더 흥미를 느낄 것이지만).

꿈의 상징성과 문학의 상징성은 같은 근원을 가지고 있지만, 전자는 생경한 <원료> 그대로 남아 있어서 표면적인 논리를 가지고 있지 않은 반면, 후자는 소위 <승화, sublimation>의 과정을 거쳐 해득가능성(intelligibility)을 갖는다. 그러나 바로 그 때문에 문학적 상징은 원상 그대로가 아니라 여러 모로 수정, 첨가, 삭제되어 있어 해석이 복잡해 질 수 있다(승화로 말미암아 오히려 단순해지는 경우도 있을 수 있다).

우리 고려 가요에서 또 예를 들기로 한다.

「달하 노피곰 도다샤
머리곰 비취오시라,

져재 녀려신고요
즌대를 드대욜세라

---

19) 괴테, <파우스트, 헤르만과 도로테아>, 김달호 역(세계문학전집 4, 서울, 정음사, 1968), 137면. 여기서 사과나무와 사과 두알은 물론 여체와 두 유방을 뜻한다.

어느이다 노코시라
내가논대 졉그랄셰라.」

누구나 잘 아는 <정읍사>이다. 이씨조선의 유교적 전통에 젖은 학자는 이 가요의 윤리성에 주의하여,

「행상인이 행상을 나가 오래 돌아오지 않으매, 그 처가 산 바위에 올라 멀리 바라보며, 그 남편이 밤에 다니다가 해를 입지 않을까 두려워하여, 진흙 물에 더럽히는 것에 비유하여 노래한 것이다.」[20]

라고 해설하고 있다. 그래서 아마 남녀상열지사(男女相悅之詞)가 당한 화를 면하여 궁중 음악으로 사랑 받은 모양이다. 부부의 윤리를 가장 아름답고 순수하게 표출했다는 것이다.

그런데 이 작품은 어떤 원초적 심리가 승화된 결과인가? 이의가 있겠으나 우리는 이 엉뚱한 것 같은 실험적 질문을 받아들여 보기로 하자.

전해지다시피 <정읍사>는 귀족도 학자도 아닌 무명인이 지은 것이고, 더욱이 여인이 지은 것이기 쉽다. 고려 초기 또는 백제 후기라면 한국의 시골의 행상의 아내가 유교의 윤리관을 굳게 지킬 만큼 <개화된> 시기는 아니었다고 볼 수 있다. 남편이 멀리 오래 나가 많은 사람들을 대하고 나다닐 때, 특히 밤이 되었을 때, 더더구나 달이 돋았을 때, 백제 시대의 시골 여인이 그 남편에게 대하여 가장 자연스럽게 느끼는 것은 안전 여부 못지 않게, 성적 질투의 감정일 것이다.

달은 인류의 잠재의식에 대하여 수많은 상징적 의미를 갖고 있다. 그 중 중요한 것은 달의 주기적 변모와 여성의 생리의

---

[20] <高麗史>, 卷 7, 樂志 2, 三國俗樂條, 김기동 외편 <향가, 고려가요>(한국고전문학전집 1, 서울, 성음사, 1970년), 162면에 인용.

주기적 변화와의 유사성(실로 우연한 것이지만) 때문에 자연히 갖게 된 성적인 의미이다. 만월은 성숙기(fertility)를 뜻한다. 이러한 연관에서 만월은 성적 자극을 줄 수 있다. 성욕이라는 동물적 충동을 약간 승화시키면 <님 그리움>이라는 감정이 된다(달밤은 님이 그리운 밤, 로맨틱한 밤이다).

정읍의 여인은 달밤이 되자 님이 그리워진다. 달은 물론 여성의 성적 능력과 관계가 있으므로 여성의 편이다. 여인은 달님에게 빈다. 멀리 비쳐 달라는 말은 감시하라는 말도 된다. 즉, 남편에 대한 성적 질투(의부증)를 느끼는 것이다. 이것을 승화된 상태로만 해석하면 아내가 남편을 위하는 지극한 정성이 된다.

져재, 즉 장터는 예나 지금이나 윤리적 행위가 행하여지는 곳은 아니다. 오히려 <윤락적> 행위가 잦은 곳이다. 장꾼과 장터가 등장하는 옛 얘기에는 으례껏 객주집과 객주집 색씨—집에서 기다리는 많은 아내들의 성적 질투의 대상—가 또한 등장한다. 「져재 녀려신고요?」는 「우리 식구 먹여 살리려고 장터에서 수고를 하시나요?」의 의미만 있는 것이 아니다.

그 다음 줄 「즌대를 드디욜셰라」는 이 가요에서 정읍 여인이 자기 속 심리를 가장 솔직히 표현한 부분—따라서 우리에게 가장 인상적인 대목이 된다. 보통 해석하기는 길이 질어 신과 옷을 더럽힐까 두려워하는 것이라고 한다. 이렇게 점잖게 해석할 수도 있으나, 너무나도 빤한 <즌대>의 상징적 의미를 짐짓 모르는 체할 수 없다. 여인은 곧이곧대로 말하기에는 자신에게 너무나도 괴롭기 때문에 <방어 메커니즘>에 의하여 말의 <자리바꿈>을 한 것이다.[21] 저자(시장)에는 그런 <진데>가 많은 것을 여인은 알고 있다. <진데>를 그냥 진흙구덩이라고만 해석한다는 것은 우습다. 웬고 하니 진흙구덩은 사람이 많

---

21) <진데>는 곧 여성의 국부이다. 여체에서 가장 <진곳>이 바로 거기이다.

은 저자보다도 인적이 드문 산길, 들길에 있는 것이다.

「어느이다 노코시라」는 두 가지 해석이 있는 모양인데, 하나는 「무엇이든지 다 내어 던지(고 곧 돌아오)시라」는 해석이고, 또 하나는 「어디에다 (정을)두(고 계)십니까」라는 해석이다. 그 어학적 근거는 어떻든 간에, 우리는 우리의 해석의 방향을 따라 후자를 택한다. 이 가요가 진실로 점잖은 열녀가 남편을 걱정하는 윤리적 발언이라면 「돈이 없어도 좋습니다. 버려 두고 돌아와 같이 살기나 합시다」라는 해석은 어울리지 않을 듯싶다. 그것은 감정적인, 참다 지친 신경질적인 여인의 앙탈이다. 오히려 「우리 걱정은 마시고 몸조심하며 다니셔요」라고 했어야 윤리적이다. 질투심이 생긴 여인이 곧장 되묻는 것은 「그게 누구냐, 그게 어떤 ×이냐?」하는 성급한 질문이다. 「어느이다 노코시라」는 즉 누구에게다 마음을, 또는 몸을 갖다 두었느냐는 자연스러운 질문이다. 그러나 남편이 정말로 <진데>를 디딘 것을 본 것은 아니니까, 마지막에 남는 것은 공포이다. 「내가논대 졈그랄셰라」 남편이 그런 짓에 빠지기 쉬운 환경과 시간이 두려운 것이다. 제발 장터 객주집 근처에서 날이 저물지만 않았으면 하고 바라는 것이다.22)

이상의 해석에 대해서 물론 이의가 많은 줄로 알지만, 여기서 보이고자 하는 것은 위의 해석 방법의 우월성 또는 정확성이 아니라, 이미 가능한 해석은 다 주어졌다고 생각되는 작품에 대하여 정신분석학의 해석 방법이 또 하나의 방법을 제공하고 있다는 사실이다. 확실히 위의 해석은 여타의 기존 해석에 비하여 특별히 비논리적이든가 무리한 것은 아니다. 작품의

---

22) <정읍사>가 처음 노래로 불리어질 당시에는 그 상징적 의미가 이조시대 사람들에게 보다 훨씬 더 명백했을 것으로 믿는다. 그들에게는 질투와 원망으로 부르짖는 여인의 태도가 이조시대 사람들이 보던 것처럼 비윤리적이지 않고 오히려 자연스러웠을 것이다. 그것은 그것대로 백제 말기의 대중에게는 <윤리적>이었을지도 모른다.

해석은 폐쇄된 영역은 아니다. 언제나 새로운 해석이 가능하며, 특히 정신분석학의 초보적 응용으로도 새로운 해석을 가할 여지가 있는 것이다. 또 하나 주의할 것은, 정신분석학적 해석이 다른 해석들을 전혀 부정하는 것은 아니라는 것이다. <정읍사>의 승화된 유교적 부부윤리가 그 작품의 의미와 무관하다는 것이 아니다. 그것은 확실히 그 작품의 하나의 의미임에 틀림없고, 우리는 대체로 그 의미에 감동하고 만족한다. 단, 문학작품은 수신책처럼 표면의 윤리성만 나타내고 있는 것은 아니다. 문학은 인간의 근본 동기에서 주어진 잠재적 의미를 또 갖고 있다는 것이 정신분석학적 비평가의 전제이고, 또한 실상 문학의 상징성을 믿는 비평가의 신념이기도 하다.

3. 독자에 대한 심리적 영향
   — 독자 심리학

작품은 제3자에게 전달되는 것이다. 전달을 받는 사람, 즉 독자의 내면 속에 작품이 어떻게 작용하는지도 알아볼 만한 일이다.

작품의 전달은 전혀 백지 상태의 독자의 내면에게 행하여지는 것은 아니다. 개별 독자는 모두 제나름의 경험을 간직하고 있다. 개인의 경험에 대한 기억이 작품을 대하는 순간 어떻게 반응을 보이는가는 무척 흥미있는 문제이다. 작품의 의미의 실현은 작품의 경험과 독자의 반응이 화합될 때에 비로소 가능해지는 것이다. 개인은 각각 그 경험의 내용이 다른 까닭에 한 작품에 대한 반응은 엄격히 말해서 전혀 동일할 수는 없다. 그러나 개인의 특수한 반응에 주의를 기울이는 정신분석학자와는 다르게, 심리주의 비평가는 많은 사람, 또는 적어도 다수를 포용하는 일정한 집단의 공통되는 반응을 파악하려고 한다. 여기서 심리주의 비평가의 관심은 사회·윤리주의 비평가의 관심과 상당히 닮게 된다.

문학의 영향에 대한 일반적 이론, 즉 고전주의적 개념인 카타르시스 또는 낭만주의적 개념인 <불신의 자발적 중단>(willing suspension of disbelief),[23] 신고전주의의 개념인 쾌락과 유용성(dulce et ulile)의 평형[24] 등등은 현대에 이르러 정신분석학적으로 재해석되고 있다. 예를 들자면 카타르시스는 「상상 속에서 본래의 경험을 되살림으로써 억압된 정서를 해방시키는 과정, 즉 정화작용(abreaction)이라」고 정의된다.[25] 작품은 억압된 정서의 상징적 표현일 경우가 많다. 작품에 대한 독자의 반응 역시 억압된 정서의 대립적 표현과 더불어 그 해방을 경험하는 것이다.

<불신의 자발적 중단>은 낭만주의의 기본 개념이나, 심리주의 비평가 노르만 홀랜드는 거기에 정신분석학적 의의를 덧붙여 그것이 문학에의 반응의 중심적 현상임을 밝히고 있다.

「작품은 우리 대신에 꿈을 꾸어 준다. 그것은 우리 내부에 하나의 중심적 환타지를 구현하여 준다. 그리고는 소위 <형식>이라고 불리는 여러 가지 방법으로 그 환타지를 조작하고 통제한다. 환타지를 소유하고, 그것이 조작되어짐을 느낄때 우리는 쾌감을 얻는다. 그러니까 우리는 <불신의 자발적 중단>을 가능케 해줄 두 개의 기대를 가지고 작품을 대하는 것이다. 첫째로 우리는 외부 세계에 능동적으로 작용하지 않아도 되리라는 기대를 갖는다. 둘째로 우리는

---

23) 영국 비평가 S. T. Coleridge 의 말(*Biographia Literaria*, 제 14 장).
24) 로마의 시인 Horatius가 *Ars Poetica*에서 내세운 문학 효용론의 공식, <달콤하고도 쓸모 있는> 것이 시라는 생각.
25) James Drever, 35면.

쾌감을 기대한다. 그 작품이 우리로 하여금 고통, 죄의식, 불안 등을 느끼게 할지라도, 우리는 작품이 그들 감정을 만족스러운 경험으로 변화시키도록 조작할 것을 기대한다.」26)

불쾌한 감정까지도 쾌감으로 변화시키도록 하는 작품 내의 요소를 <문학적 형식>이라고 정의한다. 문학적 쾌감을 조성, 조작, 통제하는 이들 형식적 요소는 인간 심리에 있어 방어 메커니즘에 해당되는 것이라고 홀랜드는 설명한다.27)

홀랜드나 기타 이론가들로부터 문학에 대한 독자의 반응에 관하여 보다 학술적이고 전문적인 해석은 이이상 인용하지 않기로 한다. 단지 지적하고 싶은 것은, 우리가 독자의 반응을 기술할 때 막연히 사용하는 감동, 감흥, 쾌감, 인상적 등등의 상태가 과연 정신과학적으로 어떤 상태를 말하는 것인가를 밝혀 볼 만하다는 것이다. 더욱이, 한 구체적 작품에 대한 연구는 그 작품 속으로의 실제적 체험을 통하지 않고서는 불가능한 까닭에, 그 체험을 정확히 기술하는 방법이 없으면 작품을 해석하는 길도 자연히 부정확하기 마련이다. 물론 우리의 반응을 정신분석학적으로 기술하는 것은 여러 가능한 기술 방법 중의 하나이다. 그것만이 유일무이한 방법은 아니다.

정신분석학 이외에 다른 심리과학의 영역을 이용하여 문학적 현상을 고찰할 수도 있다. 예컨데 리쳐즈는 그의 특유한 심리학으로, 혼란된 심리상태에 질서를 가져다주는 것이 문학의 기능임을 주장하였다. 그의 이론은 많은 영향을 끼쳤으나, 후일 그의 심리 이론 자체가 불확실한 근거에 놓여 있음이 밝혀져 학술적 가치는 크게 인정되지 않고 있다. 다만

---

26) Norman C. Holland, *The Dynamics of Literary Response* (New York: Oxford Univ. Press, 1968), 75면.
27) 위 책 제 4장, (Form as Defence)에서 소상히 설명하고 있다.

문학을 세밀하게 대하는 방법을 암시한 점은 그의 공로이다.28)

소위 형태심리학(gestalt psychology)29)은 최초에는 예술 이론에의 적용 가능성이 크게 돋보였으나―특히 예술적 형식의 파악에 관하여 강점을 가지고 있다―문학 자체에 대해서는 별로 말을 하지 않는 셈이다. 「이것은 아마도 형태심리학에서 역동적(dynamic) 요소를 고려치 않은 데 기인할 것이다. 게다가 주제별 논의를 제외한 것과, <좋은 형태>(전체 형)를 우열의 표준으로 삼는 경향이, 독서에 있어서의 집약적 및 반사적 형식감을 다룰 수 없음에 그 이유가 있을 것이라」고 크루즈 교수는 좀 심한 말을 하고 있다.30) 어쨌든 형태 심리학이 문예비평에 크게 기여하고 있는 것 같지는 않다.

심리학의 여러 분야 중에서도 정신분석학이 문학 연구에 특히 적절한 까닭은 위에서 충분히 암시되었다고 믿는다. 문학은 어떤 특정한 동기에서 어떤 특정한 동기에 관하여 쓴 것인바, 정신분석학이야말로 동기를 파헤치는 일을 하는 학문이다. 문학에서 취급하는 좌절, 갈등, 자기 기만, 백일몽 등등은 바로 정신분석학에서도 취급 대상이 되고 있는 주제들이다.

---

28) I. A. Richards, *Principles of Literary Criticism* (London: Routledge, 1924), *Science and Poetry* (New York: Norton, 1926) 등 참조.
29) 형태심리학의 근본 주장은 정신적 과정과 행동은 기본 단위로 분석할 때 반드시 잉여부분이 있다는 것이다(즉, 정신적 과정은 완전히 다 분석할 수는 없다는 것이다). 왜냐하면 전체(wholeness)와 조직은 애초부터 정신의 과정이 취하는 습인 까닭이다 (즉, 부분 또는 기본 단위가 모여서 전체를 이루는 것이 아니라, 전체는 미리부터 이루어져 있는 현상이라는 것). James Drever, 106면 참조.
30) Frederick C. Crews, "Literature and Psychology," *Relations of Literary Study*, 73~74 n. 크루즈의 견해는 어떻든 간에, 필자는 형태심리학의 기본 전제를 응용하여 시의 구조를 설명하려고 시도한 적이 있다. <시의 『생략적』 구조에 대하여>, <인문과학> 제 9집 (연세대학교 인문과연구소, 1963년 6월) 97~106면 참조.

그러나 문예비평과 정신분석학은 동일한 목적을 지향하지는 않는다. 본래 정신분석학은 신경병 또는 정신병의 진단과 치료를 목적하고 문예비평은 문학의 이해와 향수와 평가를 목적으로 한다. 크루즈 교수는 정신분석학을 문예비평에 응용할 때 주의해야 할 점을 다음과 같이 말하고 있다.

① 작가에 대한 정신병리학적 경향—작가를 신경증환자(neurotic)로 볼 위험이 있으나, 프로이드 자신도 만년에는 작가의 창조력을 높이 평가하였다. 작가의 심리는 <이상> 심리가 아니라 <비상> 심리이다. 신경증은 파괴적이나 작가 심리는 창조적이다.

② 문학의 형식과 기교의 면을 무시하고 심리적 내용만을 따지는 경향—최근의 정신분석학적 예술이론가들이 형식의 심리적 의의를 설명하기 시작하였다는 것을 잊지 말아야 한다. 소위 심미적 요소도 심리적 요소의 작용이라는 것이다. 그런고로 형식은 매우 중요하다.

③ 이미 사망한 과거의 작가를 정신분석 하고자 하는 경향—불충분한 근거(작품, 수기, 일화 등)에 의거하여 한 작가의 정신상태를 재구성하는 일은 최근 자못 위험한 일로 인정되고 있다. 따라서 최근의 경향은 구체적 작품의 구조를 분석하는 것이다. 더구나 작품 속의 인물, 즉 완전히 가공적인 인물에 대한 정신분석학적 고찰은(예컨대, 춘향은 유아기에 어떤 경험을 했을 것인가 등등) 위험한 것으로 인정된다.

④ 문학의 무의식적 내용을 문학의 유일한 가치로 간주하는 경향—즉, 한 작품이 무의식적 성적 충동에서 발생했다면 바로 그 무의식적 내용이 그 작품의 가치로 간주되는 경향이 최근에는 없어졌다는 것이다. 프로이드가 정신을 분석한 것은 무의식을 찬양하고 해방시키려고 한 것이 아니라, 그 파괴적이고 부정적인 성향을 합리적인 통제 밑에 가져오려는 목적에서였다. 즉, 문학도 어떤 무리가 없는 합리적 통제를 실현하려는 것이

목적이고, 그런 일을 잘 하는 문학은 좋은 문학이라고 본다.

⑤ 정신분석학적 비평이 지나치게 전문적 술어를 많이 쓰는 경향—전에는 그랬었다. 그러나 프로이드 유파의 심리학적 이론들이 상식화함에 따라(자아, 초자아 등) 유독 정신분석학적 비평만 어려운 말을 쓴다는 인상은 적어 가고 있다.[31]

이상의 주의점들을 간과하지 않고 정신분석학을 문예비평에 응용할 때, 문학에 또 하나의 넓은 차원이 있음이 밝혀질 것이다.

---

31) 위 책, 79~87면.

제 5 장   신화 비평의 방법

　현대 형식주의 비평의 방법에 못지 않게, 아니 그보다도 더욱 야심만만한 것은 소위 신화비평의 방법이다. 문학 연구의 여러 방법을 다 포함하면서도 문학을 단일한 근원으로 환원시키는 야심만만한 일을 해내겠다고 나선 것이 신화 비평인 것이다.

　신화 비평은 19세기 말과 20세기 초에 케임브리지대학을 중심으로 한 인류학파의 괄목할 만한 연구 성과에서 자극을 받아 일어났다. 케임브리지 인류학파의 대표적 인물은 <황금의 가지>의 저자로 너무나도 유명한 제임즈 프레이저였다.[1]

　프레이저는 세계 각처의 신화, 설화, 전설들을 집대성하여(그 옛날 한국의 신화까지도 수집했다) 전 12권의 대저를 내었던 것이다. 이로써 신화가 단지 <허망된 이야기>, <미신> 또는 <우주의 신비를 알려주기 위한 비유나 알레고리>라는 등등의 통념을 뒤엎고, 신화를 구성하는 힘이 동서고금의 인간의 공통된 기능이라는 생각과, 초개인적 사회와 우주와의 의미있는 대화를 위한 형식적 행위, 즉 제식(祭式, ritual)이 말(이야기)의 형태를 취한 것이 곧 신화라는 생각을 하게 되었다. 제식이 신화에 선행했다는 것이다. 사회의 엄숙한 종교적 관습으로서의

---

1) James Frazer, *The Golden Bough* (3rd ed., 12 vols, London: Macmillan, 1911).

제식이 차차 쇠퇴하여 일종의 <놀이>(play)가 되든가, 또는 아주 흔적이 희미해져 버릴지라도 신화(또는 비종교적인 경우에는 설화)는 남게 마련이다.

또 하나의 중요한 발견은 세계의 주요 신화들이 단순히 우연이라고 보아 넘길 수 없을 만큼 공통 요소를 많이 가지고 있다는 것이다. 이를테면 풍요제(fertility rites)의 양식과 그에 관련된 신화는 세계적으로 대체로 일치한다는 것이다. 이 사실은 문화인류학으로 하여금, 단위 민족의 문화뿐 아니라, 인류 문화 자체를 한 덩어리로 생각할 수 있는 기틀을 마련해 주었다.

좀 지엽적이기는 하나 문학에 대하여 다행스러웠던 사실은, 초창기의 많은 인류학자들이 고전문학 내지 원시문학에 상당한 관심과 조예가 있었다는 것이다. 엘리어트가 지적한 바와 같이 프레이저의 <황금의 가지>는 다분히 문학적이다.2)

현대 신화 비평의 총수인 노드롭 프라이는 「<황금의 가지>는 본래 인류학에 관한 책이 아니라……인류학적 예증과 유사점을 이용한 고전 연구이며, 그 점에서 볼 때 그것은 문예비평의 저작인 것이다.」3)라고 주장하고 있을 정도이다. 프레이저의 다음 세대인 길버트 머레이는 완전히 고전 문학연구가라고 할 수 있다.4)

프레이저 일파의 인류학 이외에, 프로이드의 심리학, 특히 <토템과 타부>에서 보여 준 민속 신앙의 기원에 관한 그의 연구도 현대 신화학에 상당한 영향을 미쳤다. 그러나 역시 융의 분석심리학, 특히 그의 <원형무의식>(原型無意識, ahchetypal

---

2) 그의 <황무지>에의 주석 참조.
3) Northrop Frye, "Literature and Myth," *Relations of Literary*, 30면, 본고를 작성함에 있어 필자는 Frye의 이 논문에 힘입은 바 많음을 밝힌다.
4) Gilbert Murray 의 "Hamlet and Orestes" 등의 선구적 논문은 유명하다.

unconscious)의 이론은 여타 신화학자들의 이론을 크게 보완하고 뒷받침하였다. 원형무의식의 이론에 의하면 인류의 가장 근본적 경험은 무의식 중에 과거로부터 전수된다는 것이다. 즉, 우리는 민족 형성상 가장 중요했던 단군 할아버지 시대의 경험을 우리는 깊은 무의식 속에 상징적 형태로 간직하고 있다는 것이다. 이 이론은 인류의 근본적 신화가 시대마다 변형된 모습으로 재생된다는 신화학자들의 학설을 뒷받침 하고 있다.5)

한편 독일의 철학자인 에른스트 카씨러(Cassirer)는 사람의 언어생활의 상징성에 최대 절대의 중요성을 부여하고 그 상징성으로 말미암아 생기는 사람의 신화 창조의 능력을 강조하였다. 즉, 외부세계를 인식함에 있어 언어를 벗어날 수 없는 인간은 신화를 창조할 수밖에 없다는 것이다.6) 이리하여 고대사의 한 분야였던 문화인류학은 심리학과 철학과 합세하여 20세기에 가장 새로운 사회 및 인문과학의 오르가논(organon)으로 군림하게 되었다. 이 오르가논을 가장 유효 적절히 사용하는 것이 아마 현대의 신화비평인지도 모르겠다. 적어도 노드롭 프라이는 신화 비평이 진정한 비평일 뿐 아니라, 문학비평을 하나의 지식의 체계, 즉 인문과학으로 승격시켜 놓았다고 주장한다.7)

---

5) Carl Gustav Jung 의 저서 중에서도 <분석심리학 논고(1928)>, <현대인의 영혼 추구(1933)> 등은 문학과 특별히 관계가 깊다. 그의 이론을 문학 비평에 적용시켜 성공한 것은 Maud Bodkin, *Archetypal Patterns in Poetry* (1934)이다. 국내에서는 필자가 극히 피상적으로 쓴 <Archetype와 시>, <문우>(속간 1호, 연세대 문과대학, 1960)가 그런 대로 최초의 소재가 아닐까 한다.
6) Ernst Cassirer 의 저서 중 신화 비평과 관계가 있는 것은 <인간론>, <언어와 신화> 등이다.
7) *Relations of Literary Study*, 141면.

1. 신화의 의미와 문학적 재현

　신화란 무엇인가? 우리는 인류학자의 설명보다 신화비평가의 그것을 듣는 것이 우리 목적을 위해 더 좋을 것이다. 다음에 노드롭 프라이의 해설을 요약한다.
　신화는 신 또는 기타 <거룩한 존재>에 대한 일종의 이야기이다. 그러나 신화는 재미있는 <옛말>은 아니다. 그것은 사회의 관습, 이를테면 제식은 왜 그러그러한 형식으로 행하여져야 하는가, 토템 또는 타부의 기원은 무엇이며, 사회의 기본조직은 무엇인가에 관한 설명을 내포한다. 즉, 하나의 사회제도와 더불어 하나의 신화는 생기게 마련이다.
　신화의 형태상 신화는 <거짓 역사>와 혼동이 되곤 하지만, 옛날에 발생한 것으로 되어 있는 사실이라는 형태로 현대 생활을 옹호, 해석 또는 지도하고 있다. 그런 까닭에 역사 형태를 취한 신화가 현실생활과 미래를 규제하는 종교의 경전이 되곤 하는 것이다.
　신화는 한 공동사회가 그 주신(主神), 조상, 자연 만상의 힘과 맺은 일종의 사회계약이라고도 볼 수 있다.[8] 사회 전반의 생활과 미래를 규정하는 까닭에 단편적인 신화들(myths)은 차차 집대성하여 하나의 신화체계(mythology)를 이룬다. 그리스나 이집트의 신화가 그러한 예이다. 집대성한 신화체계는 인간과 우주에 관한 모든 설명을 다 포함하고 있으므로, <백과사전적>으로 된다. 이러한 신화체계는 한 사회에 국한하지 않고 우주의 기원, 신의 기원, 인류의 창조, 역사, 미래에 이르기까지 모든 것을 설명한다.
　사회가 개화됨에 따라 신화는 수정, 선정, 삭제 또는 필요에

---

[8] 종교적 신앙의 골자가 되기도 한다. 유태교는 유태민족과 여호와 신의 계약관계의 신앙이다.

따라 해석된다. 호메로스시대의 신관은 플라톤 시대에 이르러 근본적으로 뒤바뀌어져 있는 것을 본다. <구약성서>는 수많은 수정증보를 거친 끝에 현재 상태에 이르렀고, 현재에도 새로운 해석이 가해지고 있는 살아 있는 신화체계이다. 신화를 설명하든가 합리화하는 작업은 문화사회의 전통의 하나이다.

또는 신화는 도덕적 진리를 설명하는 알레고리(寓喩, allegory)로 인정될 수도 있다. 예컨데 <나르시서스의 이야기>는 자애심 또는 교만은 자신을 파멸로 이끈다는 도덕적 진리를 이야기하는 알레고리라는 것이다. 근대의 많은 도덕론자들은 고대의 <허무맹랑한> 신화들을 그런 해석방법으로 <구제>하려고 애썼다. 마침내 신화의 <이야기>는 개념적 신화, 즉 추상적인 윤리 또는 형이상학적 교리로 대치된다. 예컨데 조상의 혼백을 숭배하던 제식은 효도라는 개념이 된다는 것이다.

신화를 알레고리로 보는 도덕론자와 신화의 이야기를 재현하는 시인은 서로 반대되는 위치에 있다.

시인은 신화를 합리화하지 않고, 그 이야기를 다시 하든지 같은 인물(또는 신)이 등장하는 새로운 이야기를 만들어낸다. 도덕론자는 인물 또는 신의 구체적 성격을 제거하고 추상적 결과에만 의미를 부여하려고 하나, 시인은 그러한 결과를 구체적 성격의 행동을 상징하는 것으로 볼 뿐이다. 따라서 신화에 대한 우리의 반응은 두 가지로 구분되는 것이다. 즉, 신화는 표면상의 이야기에도 불구하고 어떤 진리를 표현한다는 생각과, 신화는 단순히 이야기로서 대해야 하는 이야기라는 생각이다. 시인은 신화를 대할 때 약간은 정신적 의미로 재해석을 하지 않는 것은 아니다. 그러나 시인의 주요 임무는 해석이 아니라 재현 또는 재창조이다. 시인은 과거로부터의 옛 이야기를 현재로, 과거로부터 물려받은 것을 지금 당장 독자를 대면하고 있는 것으로 옮겨 놓는 것이다. 다른 말로 하면, 시인은 신화의 원형(archetype)을 그대로 옮겨 놓되 새로운 소도구를 마련한다. 위에서 하나의 신화 체계가 <백과사전적>으로 될 수가 있다고 하였는바, 진정한 의미의 포괄적인 신화적 문학작품은 원형들의 백과 사전이 된다. 즉, 모든 기타 문학작품들의 원형들이 그것 속에 내포되는 것이다. 세계적으로 신화의 원형은 대체로 동일 또는 유사하므로, 세계 문학의 원형은 동일 콘텍스트(context)를 이루는 것이다.

2. 신화 비평의 기본 전제

문예비평가는 인류학자와는 달리, 신화의 기원에는 신경을 쓰지 않는다. 그는 신화의 의미가 그 기원에 있다고 보지 않고, 오히려 그 후의 문학적 전개 속에서 찾아볼 수 있다고 믿는다. 그러니까 신화의 문학적 전개를 고찰하면 고찰할수록 신화에 대한 더 정확한 지식을 쌓게 된다. 문학적으로 재창조된 신화는 그러므로 본래 신화의 왜곡 또는 타락상으로 보아서는 안 된다. 이러한 전제하에서 신화 비평은 다음의 특질들을 갖는다.

(1) 지식체계로서의 신화 비평

신화는 문학적으로 전개될 때 그 의미가 가장 충만하게 전개되는 것이라는 전제하에서, 문예비평은 인간에 대한 학문, 즉 인류학 또는 인문과학의 기본 학문이 된다는 주장이 성립된다. 문예비평이 하나의 인문과학, 즉 일종의 과학이 된다는 것은 많은 의미를 가지고 있다. 첫째로 문학적 지식의 체계를 기한다는 뜻을 가지므로 개인 또는 한정된 사회의 가치 판단은 문예비평이 할 일이 아니라는 것이다. 적어도 신화 비평은 지식의 체계화를 추구하고, 가치판단을 주목적으로 하지 않는다. 작품 자체의 분석과 비교를 철저히 수행하는 형식주의 비평—소위 구조적 접근방법—은 사회적 효용가치나 개인적 취미 반응

을 중심으로 하는 비평(사회 윤리주의, 인상주의)보다는 훨씬
<과학적>이지만, 마치 고전 생물학이 봉착했던 한계성을 면치
못한다. 고전 생물학은 개개의 생물을 현재 나타난 상태대로만
관찰하였지, 한 생물의 구조가 어떤 경로로 그와 같은 모습을
갖게 되고, 그것의 친족은 무엇인지를 밝히지 못했다. 즉, 개별
생물에 대한 지식은 축적되었어도 그 지식들간의 연결점이 모
호하였던 것이다. 포괄적 학문이 되기 이전의 생물학을 박물학
이라 불렀지만, 개별 작품에 대한 구조적 접근도 일종의 문학
박물학이라 할 수 있다. 고전 생물학이 현대 생물학으로 하나
의 독립적이고 포괄적인 <자급자족>하는 과학으로 체계를 이
루게 된 것은, 진화론이라는 중심적 가설이 생긴 다음부터이다.
그것이 완전한 진실이 아니고 가설이라고 쳐도, 그것으로 말미
암아 이루어진 생물학 내의 포괄적인 연관성은 대치할 수 없
을 만큼 튼튼하다. 문예비평도 그와 같은 상호 연관적 원리가
필요하다는 것이다. 모든 개개의 문학적 현상(작품)이 하나의
커다란 전체와의 유기적 관계가 있는 부분이라는 것을 밝힐
수 있는 중심적 가설이 요청된다는 것이다.

  문학 현상이 자연 현상에 해당된다면 문예비평은 자연과학
에 해당되어야 한다. 자연 현상처럼 문학 현상은 무한히 많고
다양하여 무제한의 새로운 발견이 가능하다. 그러나 문예비평
은 자연과학처럼 단일한 체계와 논리를 갖고 있어서 한정적이
지 않을 수 없다. 즉 전체적 파악이 가능해야 한다.

  (2) 신화 비평과 개별 작가

  그와 같은 대전제를 내세우는 신화 비평에서 개별 작품을
생산해 내는 작가는 어떤 위치에 서게 되는가? 프라이의 말을
빌리자면 작가는 아리스토텔레스가 말하는 소위 <작위적 원인
>(efficient cause)이다. 즉, 작가가 작품을 무조건적으로 조작
할 수 있는 것이 아니다. 작품은 작가가 독자적으로 제조하는

것이 아니라 타력에 의하여 잉태하였다가 <낳는 것>이다. 작가의 책임은 작품을 되도록 손상시키지 않고 제 모습 그대로 출산시키는 일이다. 심하게 말하면, 작가가 개인적인 욕구를 표현하기 위해 작품에다 가필을 하면 그것은 언제나 사족이 된다는 것이다.[9] 신화 비평과 심리주의 비평은 이 점에서 가장 대립을 보인다. 작가의 심리는 신화 비평가에게는 작품의 실패를 규명하기 위한 자료로서 더 가치가 있다.

물론 작가의 개인성이 신화 비평가에게도 중요하다. 그러나 그것은 작가의 심리 또는 정신분석학적 내용이 아니라, 그의 개인적 양상을 띤 <신화>, 즉 그의 정신 속에 구성되어 있는 상징들의 체계이다. 작가는 대개 자신의 상징의 체계를 의식하지 못한다. 우리는 융의 집단무의식(the collective unconscious)이 개인에게 배분되어 있는 양상을 개인의 상징의 체계로 간주할 수 있다. 그러니까 작가의 상징들의 체계라는 것도 사실은 순전히 개인적인 것은 아니다.

(3) 장르의 이론

신화 비평에서 작가보다 훨씬 더 중요하게 생각하는 것은 장르의 문제이다. 그것은 당연한 일이다. 위에서 언급하였거니와 신화 비평은 진화론의 방법적 성공에 크게 자극된 만큼 진화론에서 최대의 중요성을 부여하는 종류의 개념, 즉, 장르(genre=종류)에 주의를 기울이지 않을 수 없는 것이다. 무한히 많은 개별 작품들은 몇 개의 유한한 수의 장르로 분류될 수 있다. 모든 작품은 결국 형태에 있어서 어떤 한 종류에 속하지 않을 수 없다. 다시 말하면 개별(individual) 작품은 한 종류(species)의 형태상의 요구를 따르고서야 존재할 수 있다. 프라

---

[9] 「시는 개성으로부터의 도피」라는 엘리어트의 말이 신화 비평에서도 타당하다.

이는 작품의 기본 형식을 부과하는 이 장르의 세력을 다시 아리스토텔레스를 따라서 <형식적 원인>(formal cause)이라 부른다. 그의 문제의 저서 <비평의 해부>(*Anatomy of Criticism*, 1957)는 일종의 장르론이라고 할 수 있을 만큼, 신화비평에서 장르의 이론은 중심적인 주제이다(이에 관해서 다음에 다시 언급할 것이다). 그러나 역사주의에서 말하는 장르의 개념과는 무척 다르다. <쏘넷>, <2막극>, <단편소설> 등등 역사적 장르는 단지 외형적 관례에 지나지 않는다고 보는 것이다. 여하튼 장르를 중요시하는 점에 있어서는 형식주의와도 크게 대치된다.

(4) 사회 및 문화적 현상

사회·윤리주의 비평에서 최대의 관심을 기울이는 사회환경과 문화적 동기는 신화 비평에서 볼 때<재료적 원인>(material cause)에 해당된다. 역시 아리스토텔레스의 개념이다. 사회환경이라는 것은 문학의 기본 신화가 표출되기 위한 각 시대와 사회의 우연한 재료이다. <낭만주의>라든지 <바로크 예술>이라든지 하는 말들은 역사주의자나 사회 윤리자에게는 최대의 의미를 가지는 개념들이나 신화 비평가에게는 우연한 개념일 뿐이다.

(5) 목적론적 관심

우리가 아는 바와 같이 아리스토텔레스는 네 가지의 원인을 말했다. 위에서 세 가지는 거론되었고 하나가 남아 있다. 즉 <목적적 원인>(final cause)이다. 현상은 그것이 지향하는 어떤 궁극적 목적에 의해서 가장 잘 설명된다는 생각에서 아리스토텔레스는 목적적 원인을 상정하였었다. 어떤 사물의 궁극적 목적은 그 사물의 생성과 존재의 가장 의의 있는 원인이 된다는 것이다. 문학에 있어서 <목적적 원인>은 무엇인가?

시인은 각자 상징의 체계를 갖고 있다. 그러나 많은 시인들이 서로 비슷한 상징들을 공동 소유처럼 같이 쓰고 있다면 그런 상징들은 각각 하나의 초개인적 체계와 구조를 갖고 있음을 뜻한다. 이를테면 <가시리>의 <님>과 <정과정곡>의 <님>과 김소월의 <님>과 한용운의 <님>은 대단히 중요한 면에서 모두 같은 의미를 가지고 있는 상징이다. 즉 시인들은 다 다르나 그들의 <님>은 단일한 형상을 지향하고 있다. 신화 비평은 이러한 형상을 원형(原型, archetype)이라고 부른다. 많은 시인들이 제각각 많은 심상과 상징을 사용하지만, 이들 심상과 상징은 몇몇 개의 <원형>을 형성하는 것이다. 그러니까 원형을 작품 속에서 읽어낸다는 것은 작품의 근원(origin)을 캐는 것을 뜻한다기보다 기본 구조를 밝혀내는 것이 된다. 문예비평은 바로 이 원형의 구조를 작품에서 추출하여 재구성하는 작업이 되어야 한다고 신화 비평에서는 주장한다.

(6) 소위 원형(archetype)의 추적

 문학사에서는 문학의 <기원>에 주안 하여 비교적 단순한 양식의 문학 현상이 차차 복잡하게 되어 가는 과정을 추적한다. 신화 비평에서도 문학 이전의 현상들, 즉 제식, 설화, 등을 형성의 재료로 삼은 과정을 흥미롭게 관찰하나, 신화의 시대적 후예가 문학이라는 선후관계에서만 그 과정을 고찰하지는 않는다. 신화는 언제나 원형을 유지하며 문학작품에서 재현된다고 믿는 것이다. 오히려 위대한 문학 작품은 신화의 원형으로 복귀하려는 경향이 있다는 것이 신화 비평의 주장이다. 인류학으로 출발하여 고전신화와 문학의 연구에 독보를 이룬 길버트 머레이는 <햄릿>에서 희랍 비극작가 아이스킬로스의 <오레스테이아>의 신화적 원형이 재현되는 것을 발견하였고, 다시 <햄릿>과 <오레스테이아>는 궁극적으로 <여름과 겨울의 투쟁>, <삶과 죽음의 투쟁>이라는 근본적 신화 및 거기 선행한 제식의 원형을 보존하고 있음을 발견하였다.10) 위대한 작품은 이처럼 기본 신화로부터의 원심적 파생이라기보다 오히려 그것으로의 구심적 복귀이다. 신화 비평은 스스로 작품의 가치 판단과 무관하다고 증언하고 있으나, 실제에 있어서는 복잡다기한 내용을 가지면서도 신화의 원형으로의 복귀를 지향하는 작품을 가치 있다고 보는 것이다. 신화 비평을 원형 비평(archetypal criticism)이라고도 부를 만큼, 원형의 추적은 그 중심적 과제가 되어 있다.

3. 사계(四季)의 신화—근본적 원형

인류는 사계절의 회귀와 출생—성장—사멸의 순환을 어김없이 지키는 자연의 질서에 순응함으로써, 사계절에 따른 생활의 조화 있는 변화, 그리고 출생—성장—사멸의 숙명이 주는 생명의 환희와 고통과 공포의 의미 있는 반복을 기하려고 하였다. 즉, 자연과 호흡을 같이하고자 한 것이다. 그러한 의도의 형식적 행동이 곧 제식이다. 제식은 언제나 이야기의 형태를 지향한다는 것이 신화학자의 발견이다. 그 이야기는 자연의 순환과 인간의 순환을 한꺼번에 표상하는 인물을 중심으로 전개된다. 이리하여 신화가 발생하는 것이다. 신화의 원초적 주인공은 신이기도 하고 인간이기도 하나, 사계절의 주인공인 태양 또는 삶의 근본인 풍요(fertility)의 원리와 언제나 관련이 있다. 신화 비평은 원형 중의 원형을 바로 이와 같은 자연신화(nature-myth)에서 찾는 것이다.

프라이는 위에서 말한 자연신화에서 다음과 같이 네 가지 장르의 원형이 발생한다고 말하고 있다.11)

---

10) 주 4 참조.
11) 이상의 내용은 Frye의 "The Archetypes of Literature", (*Kenyon Review*, (1951), 92~110)라는 지대한 관심을 불러 일

① 새벽, 봄, 출생 단계—영웅의 출생 신화, 부활과 재생의 신화, 창조의 신화, 암흑, 겨울, 죽음의 세력이 패배한다는 내용의 신화(이 네 신화는 하나의 싸이클을 형성한다). 이 신화의 사이클에 부차적인 인물로서 아버지와 어머니가 등장한다. 이 신화의 단계에서 소위 로만스(영웅기담<奇談>)과 대부분의 열광적 찬가 및 광상곡(狂想曲)의 원형이 생긴다.

② 정오, 여름, 결혼 또는 승리의 단계—인간의 신격화, 거룩한 혼인 관계, <낙원>에의 입장에 관련된 신화. 부차적 인물로서는 친우와 혼인한 신부. 희극, 전원시, 목가의 원형이 된다.

③ 석양, 가을, 죽음의 단계—가을, 신의 사망, 영웅의 급작스런 죽음, 영웅의 고립에 관한 신화. 부차적 인물로는 모반자와 유혹자가 있다. 비극과 엘레지의 원형.

④ 어둠, 겨울, 해체의 단계—그러한 세력들에 관한 신화, 대홍수와 대혼돈의 신화, 영웅의 패배의 신화, 소유 제신의 몰락(Götterdämmerung)의 신화, 부차적 인물은 식인귀, 마녀, 풍자 문학의 원형이다.

영웅에 관한 신화는 영웅의 종족적 사명에 초점을 두며, 영웅은 그 사명의 완수를 위한 추구(quest)에 나선다. 추구의 신화적 영웅이 메시아적 중요성을 갖는 일이 종종 있다. 유대 민족의 신화는 그 대표적이라 할 수 있다. 추구신화(quest-myth)는 신화의 대표 유형이다.

각 민족의 옛 기록, 특히 종교적 문헌을 검토하는 일은 신화 비평가가 먼저 착수해야 할 일이다. 신화의 근본적 구조를 알아본 다음 그 원형들을 설정하고, 그리고는 그 원형에서 유래한 장르들을 가려낼 수 있는 것이다. 대체로 희곡은 신화의 제식면

으킨 논문에서 빌어 왔다. 이 논문을 확충 보완한 것이 명저 *Anatomy of Criticism*인 것이다.

에서 발생한 것이며, 서정시는 신화의 에피소드나 파편에서 발생한 것이다. 서사시(또는 소설)는 전체 신화, 위에서 언급한 그 <백과사전적>집합체의 구조를 이어 나가고 있는 것이다.

추구신화의 영웅은 인간의 형상을 지니고 있으나, 차차 자연의 세력을 초월한 자로 군림한다. 자연의 윤회는 절대적이므로 자연 세계, 또는 인간 세계에 있어서의 승리란 일시적인 데 불과하나, 자연을 초월하는 신적인 영웅이 등장할 때 제시되는 초월적 세계상은 <타락 이전>의 세계 또는 <천국>에 해당된다. 엄격한 의미에서 이와 같은 세계에 대한 비젼을 <희극적> 비젼이라 할 수 있다. 반면 비극적 비젼을 자연의 윤회에 복종하는 세계의 비젼이다. 결국 추구신화의 근본적 양상은 희극과 비극 두 비젼으로 대표되는 것이다. 이를 상술하면 다음과 같은 원형적 심상(archetypal imagery)의 무리를 얻게 된다.

① 희극적 비젼에서 보면 인간의 세계는 하나의 공동사회, 또는 독자의 희망의 충족을 대표하는 한 영웅이다. 거기서 공동사회의 축제, 제식, 질서, 우정, 사랑 등에 관련된 심상들의 원형이 생긴다. 비극적 비젼에서 보면, 인간 세계는 폭정 또는 무정부 상태 또는 개인이나 고립된 사람, 추종자들에게 등을 돌리고 있는 지도자, 고담책에 나오는 포악한 장사, 배반당한 영웅으로 제시된다. 결혼 또는 그 비슷한 성취는 희극적 비젼에 속한다. 창부, 마녀, 기타 요사스런 여성은 비극적 비젼이다. 모든 거룩한, 영웅적, 천사 같은 초인간적인 공동사회가 인간사회의 유형을 닮는다.

② 희극적 비젼에서 동물의 세계는 양떼나 비둘기 같은 순한 새들의 무리이다. 전원적 심상들의 원형. 비극적 비젼에서는 동물의 세계는 야수, 맹금류, 독사, 용의 세계이다.

③ 희극적 비젼에서는 식물의 세계는 정원, 동산, 공원 또는 생명의 나무, 장미, 연꽃등이다. 이상향의 심상의 원형. 비극적 비젼에서 볼때, 그것은 음산하고 불길한 밀림, 황야, 죽음의 나

무이다.

④ 희극적 비젼에서 광물적 세계는 도시, 건물, 사원 또는 빛나는 보석이다. 기하학적 심상의 원형이 된다. 비극적 비젼에서는 광물적 세계는 사막, 험준한 바위, 폐허 또는 십자가와 같은 불길한 기하학적 심상이 된다.

⑤ 희극적 비젼에서는 형성되기 이전의 세계는 강물이다. 비극적 비젼에서는 강물이 아니라 바다이다. 해체의 신화가 홍수의 신화로 나타나는 경우가 그 예이다. 바다와 야수의 결합은 해룡과 같은 바다의 요물을 낳는다.

이상의 분류가 지나치게 간단하고 공식적인 것 같아서 응용 가능성이 의심스러울는지 모르나, 프라이 자신의 신념은 세계의 문학은 결국 모두 그러한 몇 개의 카테고리에 들어가는 구조적 통일성을 가지고 있다는 것이고, 또 이 점이 부정된다면 신화 비평은 존립할 수 없다. 즉 자연의 유위전변에 대응하는 영웅의 추구라는 단일한 신화(monomyth 또는 Urmyth)—백과사전적으로 포괄적인—의 무수한 심상들의 체계가 서로 대조, 배합, 평행됨으로써 무한량의 개별작품들이 생긴다는 것이다.

프라이가 융이나 프레이저의 연구를 뒷받침으로 하여 설정한 단일 신화는 가설에 지나지 않을 수도 있다. 또 적어도 가설적인 요소가 혼합되어 있음도 확실하다. 그러나 어떠한 형태의 것이든, 단일신화의 추정은 신화 비평의 전제조건이다. 단일 신화의 추정을 고집하는 이유는 방법론상 그것이 절대적으로 필요한 까닭이다. 모든 문학을 한 울타리 속에 넣고 보아야 전체에 통하는 과학적 이해를 성립시킬 수 있는 것이다. 마치 생물학이 모든 생명 현상을 한꺼번에 생물이라는 동질적 테두리 안에다 넣고 보는 것과도 같다. 생물 개체간의 엄청남 차이도 진화론이라는 이론으로 해소된다. 신화 비평은 이를테면 문학의 진화론이다.

프라이의 공적은 적어도 서구 및 중동지역의 문학 현상을 설명하는 데 있어 필요 충분한 조건을 대략 다 갖춘 것으로 보이는 단일신화를 추정하였다.

4. 한국 문학의 신화적 체계 — 그 성립 가능성

융의 분석심리학이 스스로 표방하는 대로 보편타당한 과학적 진리를 말한다면, 그래서 그것이 서양인뿐 아니라 동양인, 특히 한국인의 정신 상태에 관해서도 진리를 말하고 있다면, 그것을 재치 있게 응용한 프라이의 원형 심상의 체계가 우리 문화를 이해하는 데에도 도움이 될 것이다. 우리가 먼저 할 일은 한국의 근본적 민족 신화가 세계적 단일 신화에 닮은 바가 있는가? 그 유사성은 우연이나 지엽적이 아닌 근본 구조적 유사성인가를 판별하는 일이다. 우리는 불행히도 우리 민족의 신화를 정착시킬 고유문자를 못 가졌을 뿐 아니라, 신화적 주제에 대한 문학적(한문을 이용해서라도) 취급이 무척 뒤늦다. 중국도 그 긴 문화와 역사에 비하면 신화의 형상화는 상당히 미개한 상태라고 한다. 중국 민족은 그들의 호메로스나 헤시오도스를 갖고 있지 못하다는 것이다. 가까운 중국 또는 기타 북방민족의 신화가 체계화되어 있다면 우리의 작업은 훨씬 쉬워질 것이다. 신화학자에게 기대를 걸 수밖에 없다.

우리가 보기에는 한국 영웅신화 중 원형을 가장 완전하게 보존하고 있는 신화는 고구려의 시조 동명왕의 신화인 듯하다. 장덕순 교수의 연구에 의하면 이규보가 집필한 <동명왕기>에 기록된 동명왕의 신화는 많은 중요점에서 서구의 신화와 공통된다. 즉, 동명왕의 출생, 성장(훈련), 사업과 결혼, 자연생물계와의 관계에서 우연으로 돌릴 수 없는 공통점을 발견할 수 있다는 것이다.[12] 이는 본격적 신화학에 의한 철저한 검토가 필요한

---

12) 張德順, <英雄敍事詩 「東明王」> (<人文科學> 5집), 121면 참

문제이지만, 일단은 가설적으로나마 동명왕의 신화를 세계적 단일 신화의 한국적 전개로 보고, 그 근본 구조를 한국적 문학의 원형으로 삼는 일종의 신화비평적 실험은 해볼 만한 일이다.

우리 민족은 백과사전적 종합신화를 형성하지 못한 까닭에 (중도에 잃어버렸는지도 모르는 일이다), 우리 고유의 문학 작품들은 형성 이전의, 또는 잃어버린 종합적 구조의 파편들이다. 이 파편들을 집합 배열하여 원형을 재구성하는 작업은 프라이식의 신화비평 방법에 의지할 수 있을 것이다. 예컨대, 우리 문학에 끊임없이 등장하는 <님>과 버림받은 <나>(대개 여성 또는 여성적 입장) 사이의 한스런 관계는 단일 신화의 어느 부분의 파편인가? 2세기에 곽리자고(霍里子高)의 아내 여옥(麗玉)이 지었다는 <공후인>(箜篌引)에 이미 가지 말라는 만류를 뿌리치고 가는 무정한, 어찌 보면 어리석은 님이 등장한다. 신충(信忠)의 향가인 <원가>(怨歌)에도 그 흔적이 보이며, 고려가요에는 <가시리>로 대표되는 여러 <님>의 노래가 있다. <정과정곡>(鄭瓜亭曲)은 군신의 관계를 남녀 연인의 관계에 비유한 제일 오랜 현존 작품이다. (신충의 <원가>도 그런 기본 구조의 흔적을 갖고 있다). 이는 후일 <사미인곡>, <속미인곡> 기타 연군지정(戀君之情)을 읊은 수많은 시조 작품에 의하여 계승된다. 군신관계가 이처럼 남녀관계와 동일시될 정도였다면, 확실히 별거 중의 님과 여인의 원망스런 관계는 한국인의 심성에 크게 잠재력을 행사하는 기본적 신화의 한 국면이라고 볼 수 있을 것이다. 이 신화는 물론 아직도 강하게 작용하고 있다. 김소월은 이 신화의 테두리 밖에서는 작품을 창조할 수 없었고, 한용운 역시 그랬다.

프라이의 구분에 따르자면 이별은 하루에 있어서는 황혼, 계절에 있어서는 가을, 인생에 있어서는 죽음에 해당한다. 타락,

---

조.

신의 죽음, 급작스런 파멸, 희생, 영웅의 고립에 관한 신화들이 여기 속한다. 부차적 인물로서 반역자와 유혹자가 등장하며, 비극과 엘레지의 원형이 된다. <님>의 신화에는 <공후인>에서 보는 것처럼 님의 급작스런 변사도 나타나고, <정과정곡>에서 처럼 <말 힛말>을 하는 반역자 또는 유혹자가 나타나기도 한다. 그러나 버림을 받는 것은 영웅, 님이 아니라 비영웅이고 나약한 여성(또는 여성적 입장을 취하는 남성—연군지정의 경우)이다. 이것은 기본 신화의 아마 한국적 변조인지도 모른다.

그런데, 이별하기 이전의 님과의 단란하던 상태, 즉 정오, 여름, 결혼 또는 승리의 단계는 왜 한국 고대시에서 그 언급이 대체로 적은가? 이 단계는 희극과 전원, 목가의 단계인바, 한국 문학은 진정한 희극이 모자란다는 평을 듣기도 한다. 그러나, 남녀상열(男女相悅)의 목가적 희극이 적대적인 윤리관으로 말미암아 양반적인 점잖은 전원시, 이를테면 <성산별곡>이나 <상춘곡> 따위로 대치되었는가? 이런 양반적 전원시에서 님, 즉 군왕은 나와 몸으로 가까이 안 있지만 일종의 좋은 영향력을 (소위 성은<聖恩>)미치고 있어 별리의 아픔이 없다. 어쨌든 <님>의 신화에서 님과의 결혼 생활(즉, 같이 있음)에 관한 부분이 결핍되어 있음은 우리가 쉽게 인정할 수 있다. 그것이 우리 문학의 숙명인지도 모른다.

더더구나 님의 출생과 관련된 열광적 찬가, 서정시, 광희곡(狂喜曲)은 전해지지 않고 있다. 고조선 시대에 단군왕검의 탄생을 구가하던 노래가 있었을 가능성은 충분히 있다.

<님>은 개인적 <영웅>이지만 민족적 영웅은 이미 아니다. 확실히 님과 나와의 관계가 그처럼 개인적일 뿐 아니라 에로틱한, 즉 대단히 밀접한 관계로 해석되는 것은 다른 민족의 신화의 후기 단계(즉 문학이 형성되었을 단계)에서는 흔히 볼 수 있는 일이나, 한국에서는 그것이 군주관계에 적용되었다는 것과 별리의 상태를 가장 역점을 두어 문학적으로 취급하였다는

것이 특이하다고 할 수 있을 것이다.

　제 4 단계 암흑, 겨울, 해체의 단계는 현재 당장 우리가 맛보고 있는 듯하다. 우리에게는 떠나간 님이 영영 가버렸을 뿐 아니라, 다시 돌아올 수 없도록 아주 해체, 부패되어 버린 듯하다. 소위 현대감각에 의한 황폐의 문학이다. 고래로 우리 시가에는 님을 다시 만나 불변하는 행복을 누린다는 내용의 작품은 찾아보기 어려운 듯하다. 한용운의 <님의침묵> 후에는

「여윈 목소리로 바람과 함께
　우리는 내일을 약속치 않는다.
　승객이 사라진 열차 안에서
　오 그대 미래의 창부여
　너의 희망은 나의 오해와
　감흥만이다.」 (박인환, <미래의 창부>)

와 같은 유의 냉소적·풍자적 님의 노래가 나오고 있다. <님>은 폐허에 방황하는 창부가 되어 있는 것이다.

　그러나 우리의 설화나 통속문학에서는 <님>의 출생, 성장, 이별뿐 아니라 영구한 행복을 기약하는 최후의 해후가 자주 첨가된다. <춘향전>은 <님>으로부터 떨어진 여인의 처절한 상태를 가장 고조하고 있다. 엄격한 의미에서 한국의 님은 이별한 후 다시 돌아오는 법이 없이 되고 말지만, 춘향의 님은 종내 돌아오고 만다. 이것은 기본신화에 대한 민중의 소망적 사고의 가필이다. 이름하여 사필귀정(事必歸正), 권선징악(勸善懲惡) 또는 시적정의(poetic justice)이다. 그러나 자연의 질서는, 따라서 현실은 스스로 그런 도덕적 가필을 하지 않는다. 따라서 본격신화에도 그런 가필은 없다. 통속문학은 그래서 비극을 낳지 못하는 것이다.

　위에서 <님>의 신화를 극히 실험적인 가설로 제시하고 그

입장에서 한국문학에 대한 새로운 관점이 생길 수 있는가 검토하였다. 재삼 언명하거니와, 그것은 신화론적 방법에 관심을 끌기 위한 실험에 지나지 않는다. 이 점 명심하기 바란다.

신화 비평은 프라이의 방법만 가지고 있는 것은 결코 아니니까 <님의 신화>를 추적하는 방법을 다른 이론가들에게서 빌어올 수 있을 것이다. 그러나 우리 시가에 흔히 등장하는 인물인 <님>을 하나의 신화적 인물로 동일한 인물의 여러 <얼굴>로 본다는 것은 한국 신화 비평의 실험의 정석의 하나가 될 수 있을 것이다. <님>이 한국의 민족적 영웅(단군이나 동명왕)과 무관하지 않다는 것도 주장할 수 있을지 모른다.

5. 신화 비평가의 일반적 작업 양식

신화 비평은 위에서 언급한 바와 같이, 비평을 인문과학의 위치로 지양시키려는 의도가 있는 만큼 방계과학의 응용에 있어 광범한 융통성이 있다. 그렙스타인이 말하는 것처럼 「테크닉에 있어서는 다원론자이나 신념에 있어서는 단원론자」[13]인 신화 비평가는 신학, 역사, 사회학, 철학 등에서 상호 모순의 위험을 도외시하고 그 전거를 구하는 것이다. 당장 손에 잡힌 <일거리>의 성질에 따라서 무슨 영역에서든지 참고재료를 구해 오는 것이다.

신화 비평가는 일견 역사 비평가와도 같이 개인의 전기적 사실, 사상사, 문학의 관례, 문학적 선후 영향 관계를 그때 그때 응용하여 신화적 모티프가 시대와 개인에 따라 변천하는 모습을 추적한다. 신화 비평가의 눈으로 보기에는 문학은 역사의 한 특정한 시간에 존재하였던 역사적 사실인 동시에, 또한 시간을 초월하여 영구히 인간 의식 속에 재현되는 원형들의

---

13) Grebstein, 312면.

표현이기도 한 것이다. 따라서 신화 비평가의 임무는 문학의 역사성에서 문학의 영원한 원형을 분별해 내는 데서 시작된다. 이씨 조선의 선비들이 그리던 전원의 이상향의 역사성을 밝히는 것은—이를테면 윤선도의 부용동(芙蓉洞)—역사 비평에서 할 일이지만, 그 전원적 이상향을 꿈꾸게끔 하는 영원한 신화적 모티프—그것은 혹시 실락원(失樂園)에의 향수가 아닐는지—를 찾는 일은 신화 비평의 본령이다. 그러나 신화 비평가는 문학사 또는 문학사가 이끌어 주는 한도 내에서는 그 신화의 역사적 표현을 고찰하는 것이다.

신화 비평가는 또한 형식주의자에 못지않는 세심성으로써 한 장르나 한 작품의 구조를 뜯어본다. 물론 낱말이나 심상들의 유기적 연결성을 알아보려는 것이 아니라, 원형적 양식(archetypal pattern)을 표출하고 있는 근본 구조를 알아보기 위한 것이다.

신화 비평가는 형식주의자를 닮기도 한다. 장르 또는 구체적 작품의 구조와 형상을 면밀히 검토하는 일도 신화 비평가의 작업인 까닭이다. 그러나 물론 신화 비평가는 장르 또는 구체적 작품이 원형에 의해서 결정되어진 것이고, 따라서 원형을 표현하고 있는 것이라는 관점에서 작업을 하는 것이다. 이 점에 있어서 신화 비평가는 형식주의자와 근본적으로 차이가 있지만, 민속학자나 비교 신화학자와는 달리, 신화의 궁극적 형상화가 문학이라 믿고 완성된 문학에 최대의 중요성을 부여하는 점에서는 역시 형식주의자의 태도를 닮는 것이다. 심상과 상징의 면밀한 검토는 신화 비평가나 형식주의자나 하나같이 힘쓰는 작업이다.

사회·윤리주의자가 문학의 사회적 의미를 중시한다면 신화 비평가도 공동 사회적 행위로서의 제식과 공동 사회의 관습과 사상을 구현한 신화를 탐구대상으로 한다는 점에서 상통하는 점이 있게 된다. 신화 비평가는 신화가 인류의 근본적 당위 의식, 즉 윤리의식을 상징하고 있다고 믿는 까닭에, 문학의 가치는 곧 윤리적 가치를 내포한다고 본다. 이처럼 문학적 가치와 사회적 가치와의 동일시 경향은 사회·윤리주의와 신화 비평이 공유하고 있는 특질이다.

위에서 언급한 바와 같이 신화 비평은 심리학자인 융의 원형무의식 이론에 많이 의존하고 있다. 이것은 신화 비평이 심리학과 긴밀한 연관성이 있음을 입증하는 것이다. 문학은 인간의 어떤 심리적 동기에서 심리의 일부를 표현하여 청중의 심리에 호소하는 것이라고 심리주의자와 신화 비평가는 꼭 같이 믿고 있다. 인간의 꿈과 신화를 동일시 내지 긴밀한 관계가 있는 것으로 보는 점에서도 마찬가지이다. 길버트 머레이는 <오레스테이아>와 <햄릿>에서 동일한 신화의 구조를 발견해 냈는바, 그 동일한 신화는 오이디푸스 복합심리에 뿌리박은 것이다. 다시 말하면, 신화는 인류 내지 한 민족의 집단 심리의 표출인 것이다. 따라서 신화 비평가는 종종 심리주의 비평가를 닮곤 한다.

이와 같이 신화 비평은 일종의 종합적 인문과학으로 정립하려는 노력을 하고 있다. 한국에서 그 방법을 적용하기란 쉬운 일이 아니다. 형식주의, 사회·윤리주의, 심리주의의 여러 비평의 방법이 먼저 제 궤도에 올라서야겠고, 무엇보다도 신화학이 체제정비를 완료해 놓아야 그것이 가능할 것이다. 현 시점에서 우리는 이론만이라도 되씹어 두었다가 후일의 완성을 기하기로 해야 하겠다.

제 6 장 맺는 말

　문예비평의 방법이 위에서 논의한 다섯 가지로 한정되는 것은 물론 아니다. 여섯 가지, 일곱 가지, 아니 열 가지로 분류할 수도 있다. 그러나 중요한 것은 문예비평의 방법을 몇 가지로 분류하느냐가 아니라, 연간 수천 페이지에 달하는 비평, 문학론, 연구논문, 평론, 시평 등이 다 한 입장에서 씌어지는 것이 아니고 몇 가지로 대별할 수 있는 입장에서 씌어진다는 사실이다. 이것은 상식적인 이야기 같지만 실제로 그 입장들을 방법론적으로 갈라보는 일은 아직껏 드물었다. 이 일은 한국비평의 자기반성을 위해 꼭 필요하다고 믿어진다. 나아가 한국 비평의 다양과 풍부, 그리고 정확성을 위해 할 만한 일이다.
　비평의 <방법>이라는 말에 약간 불안이 있을 수도 있다. 당장 평문을 유창하게 써내고 있는 정규 평론가가 새삼스레 방법을 운위할 필요가 있겠는가? 그것은 마치 이미 공인된 위대한 웅변가에게 웅변법을 들어보라는 말과 마찬가지가 아니겠는가? 대답은 자명하다. 세상엔 너무나도 유창하기만 한 웅변가가 많아 탈이다. 웅변은 말재간만 가지고 되는 것은 아니다. 누구를 상대로, 무슨 내용을, 무슨 목적으로, 어떻게 전달하는가? 논지의 근거는 확실하며, 그 전개 또한 보편 타당한 논리를 따르는가? 이러한 질문의 천착을 감당할 웅변을 만들기 위해서 유창은 가장 표면적인 조건 한 가지만을 만족시킬 뿐이다. 참된 웅변법은 어떻게 하면 말을 잘 할까를 알려 주는 것보다, 무엇을 어느 근거에서 어떤 논리를 따라 말할 것인가를 알려 주는 것이 되어야 한다. 마찬가지로 비평의 방법도 연애편지 쓰는 법처럼 유창한, 또는 교묘히 빈정대는, 또는 음험히 폭력적인 평문을 작성하는 수사학적 방법을 말하는 것이 아니다.

지적 행위에 종사하는 사람은 그 방법에 대한 관찰과 반성과 개선을 게을리 할 수 없다. 그러한 과정을 계속 거치는 동안에 방법은 외적인 규제가 되기를 그치고 자의적 버릇, 누가 말한 것처럼 지성의 습관이 된다. 그러나 습관도 내버려두면 퇴화하고, 자가적 반성이 없으면 기껏 현상유지를 할 뿐이다. 습관의 세련, 유연, 확대, 충실을 위해서 내적 습관을 외적인 것인양 반성하는 계기가 무수히 많을수록 좋다.

위에서 거론한 다섯 방법의 우열을 가릴 수는 없다. 자기가 가진 방법의 배타적 옹호처럼 옹졸한 지성은 없으나 자기가 가진 방법의 존립 근거가 무엇이며, 그것은 다른 방법들과 어떻게 차이가 있는지는 깨닫고 있어야 한다. 그러기 위해서는 자기 것 이외의 다른 방법들을 상당한 정도까지는 알아야 한다. 방법의 가속적 다원화를 특징으로 하고 있는 현대의 정신 풍토에서 독자성을 유지하면서도 고립되지 않는 길은 그것밖에 없다.

근대 지성의 특징의 하나는 자기 방법에 대한 어느 정도의 회의를 건강한 것으로 본다는 것이다. 그것이 자기 방법에 대한 인식을 바로 하는 길이다. 그러한 창조적 회의가 모자라는 까닭에 쓸모 없는 문학 논쟁이 얼마나 많았던가?

확실히 역사주의는 문학작품의 가치판단의 기준에 대하여 애매한 태도를 취한다. 상대주의의 허무라는 궁극에 빠져들지 않도록 경계해야 할 것이다. 역사는 언제나 과거의 사실이라는 편견으로 말미암아 현재도 역사의 일부라는 엄연한 진실을 도외시하기 쉬운 점을 경계해야 한다. 현대문학의 논의와 향유를 기피하는 역사주의자는 골동취미 이외에 가진 것이 없다.

형식주의는 반면에 가치판단 기준에 대한 유연치 못한 단원론을 고집할 수 있다. 기준의 단원성을 믿되, 자기가 내세우는 단원적 기준의 불완전성을 언제나 인정할 여유가 있어야 할 것이고, 그 기준이란 결국 실제 비평에 의하여 시험될 시험적 기준이라는 사실을 인식하고 있어야 할 것이다. 형식주의자의 객관주의의 표방이 간혹 개인적 인상의 도착된 상태인 경우가 있음도 경계해야 할 것이다. 그러나 무엇보다도 형식주의자가 경계해야 할 것은 나무만 보고 숲을 못 보는 식의 미시적이고 근시안적인, 분석을 위한 분석이다. 전체적 의미의 형상을 발견할 때까지 전진해야 한다. 분명히 형식주의는 의미 예술인 문학의 근본 재료인 사상의 취급 문제에 있어 취약성이 있다. 이를 부인하기 위하여 사상 자체를 깔보는 강박성은 형식주의 자체 내의 무서운 적이다.

사회·윤리·문화주의는 문학 외적 사실에다 부러워하는 듯한 눈길을 던지는 불만의 태도가 두려운 것이다. 확실히 민족의식의 고양을 위해서 이광수보다 안중근이 위대하다. 그래서 이광수는 불만스럽다. 불만스럽지 않은 문학, 그것은 안중근의 권총알 같은 것이어야 하나, 아직 그런 것은 우리에게 없다. 미래는 꼭 있어야 할 것이다. 하는 따위의 태도는 간혹 사회·윤리주의를 표방하는 인사들 사이에 보이는바, 어처구니 없으나 위험천만이다. 그러나 문학 밖으로 치닫는 시선을 적절히 통제하면, 문학의 안과 밖의 관계에서 포착되는 인간적 의미를 한층 깊게 얻을 수 있을 것이다.

문학 연구에 있어서 결정론적 사고방식은 배제되는 것이 바람직하다. 심리주의는 결정론적 성격이 가장 현저한 방법인바 (사회·윤리주의와 역사주의도 한때 결정론의 지배를 받았지만), 이 자체 내의 성향을 어느 한도 내에 국한시키는 것은 심리주의가 꼭 유의해야 할 일이다. 순전히 심리적 원인과 결과에서만 문학현상을 설명할 때, 잃어지는 것은 문학의 문학다운 의미와 아름다움이다. 즉, 문학을 송두리째 잃는 것이다.

문학의 마술적 내지 신비적 능력에 대한 신념의 정당화의 구실로 신화 비평의 길을 따른다면 웃을 일이다. 신화 비평은 문학의 근본 구조에 대한 통찰을 주는 한도에서 추구할 것이지, 반(反)역사적・초월적 신비에 발을 들여놓기 위한 작업은 아니다.

문예비평은 결국 작품이 없으면 존재할 수 없다는 사실은 너무나 당연하지만 간혹 망각되곤 한다. 비평에서 문학 외적 세계를 섭렵하는 것도 결국은 다시 작품으로 보다 떳떳이 돌아오고자 하는 목적에서이다. 근본 목적이 이처럼 한 가지라면, 거기에 도달하기 위한 여러 방법들이 서로 충돌, 배척만 하지 않을 것은 정한 이치이다. 여기서 비평의 종합적 방법에 대한 가능성이 타진되는 것이다. 그러나, 억지로 설명은 할 수 있겠지만, 참 이상하게도 종합적 방법이라고 내어놓은 것들은 모두 다 다시 또 하나의 방법, 다만 그 많은 방법의 수를 늘린 것밖에 안 되는 또 하나의 방법이 되고 말았다. 사실 또 하나의 방법이라기보다는 이미 성립되어 있는 방법 중의 하나와 비슷한 것이 되기가 일쑤였다. 종합적 방법이라는 것은 아마도 현대문명의 단계에서는 아직 불가능한 모양이다.

그러나 사람은 절충적 방법(eclecticism)으로 종합 불가능의 서글픔을 어느 정도 달랠 수 있다. 여기서 말하는 절충은 무원칙이 아니라 자기 방법의 단점과 남의 방법의 장점을 인정할 줄 아는 지적 관용과 그러한 관용을 어떤 특정한 문제의 해결에 창의적으로 응용할 수 있는 지혜를 말한다. 확실히 문학의 어떤 문제는 형식주의의 입자에서 사회・윤리주의의 일면과 심리주의의 일면의 도움을 받아 보다 풍부한 해결을 볼 성질의 것도 있고, 또 그 반대의 것도 있을 수 있는 것이다. 문학을 더 잘 알고 평가하는 데에는 특정한 비평가에게 금지된 방법은 있을 수 없다. 역사주의자가 역사적 방법의 일단을 성공적으로 응용하는 심리주의자를 질투할 수는 있어도, 자기 영역의 침범이라고 항의할 수는 없는 것이다.

결론적으로, 비평의 여러 방법을 알면 알수록 비평은 윤택해진다는 평범한 진리를 다시금 천명할 수밖에 없다.

문학연구의 방법　　값 10,000원

2014年　2月　20日　印刷　　　탐구신서
2014年　2月　25日　發行　　　57

　　　　　　著　　者　　이　　상　　섭
　　　　　　發 行 者　　홍　　정　　수
　　　　　　發 行 處　　探　　求　　堂

　　　　서울特別市　龍山區　漢江路 1街 158番地
　　　　　　　　電　話 (02) 3785-2211~2
　　　　　　　　　　FAX (02) 3785-2272
　　　　登錄　1950. 11. 1　서울 第 03-00993號
　　　　　　　　　www.tamgudang.co.kr
　　＊ 落張本 및 破本은 바꾸어 드립니다.